2030
소액, 저평가 아파트에
이렇게 투자하라!

2030
소액, 저평가
아파트에
이렇게 투자하라!

허군 지음

매일경제신문사

프롤로그

직장인에게 부동산 공부는 곧 인생 공부다

'평생 어릴 줄 알았는데 어느덧 내가 직장인이 되어 월급까지 받다니….'

20대까지만 해도 미래에 대한 큰 걱정이 없었다. 난생처음 받는 월급을 쓰는 것이 너무 좋았다. 신용카드도 생기니 사고 싶은 것을 고민할 필요도 없었다. 왜? 다음 달에 월급을 또 받으니까! 한마디로 'YOLO(욜로)' 그 자체였다. YOLO 직장인으로 자연스럽게 남들과 같은 인생을 살아갔다. 그런데 행복도 잠시였다. 행복했던 나의 20대는 주식과 코인에 첫 투자를 하면서 문제가 시작됐다. 5년 넘게 모았던 돈을 전부 다 무지성 투자를 한 것이다. 소개 글을 이렇게 쓸 수밖에 없는 것이 참으로 부끄럽다. 하지만 거짓말하기는 싫다.

그때부터 어디서부터 잘못됐는지 수없이 고민했다. 문제는 너무나 단순했다. 자본주의라는 잔인한 야생에서 지푸라기 한 움큼도 없이 발가벗은 채 들판에서 있었던 것이다. 너무나 맛있는 먹잇감이 된 채 "나 좀 잡아먹어 주세요"라고 광고를 한 것과 마찬가지였다. 나의 무지성이 너무 창피했다. 그래서 나는 이를 갈고 달려가기 시작했다. 부동산 공부를 시작한 것이다. 부동산을 공부하면서 참 신기한 감정이 들었다.

'아니, 부동산 투자를 잘하는 법을 배우려고 했는데, 왜 내 인생이 바뀌는 것일까?'

그렇다. 부동산 공부는 내 인생을 송두리째 바꿨다. 당신도 반드시 느껴봤으면 한다.

부동산의 '부' 자도 모른다고? 반갑네요. 오히려 좋아

'개구리 올챙이 시절 모른다'라는 말이 있다. 다주택자도 처음에는 2주택자였다. 2주택자도 1주택자, 1주택자 역시 무주택자 시절이 있다. 하지만 다주택자는 우리처럼 가난하고, 무주택자 시절이 오래전 일이라 기억 속에서 까맣게 잊었을 것이다. 반대로 나는 아직도 올챙이다. 올챙이인 만큼 올챙이가 느끼는 부동산 투자의 어려움과 궁금증을 너무나 잘 알고 있다. 그래서 나는 이 책을 '부동산 올챙이를 위한 공략집'이라고도 부르고 싶다. 나와 같은 직장인이라면 누구나 느끼는 두려움과 궁금증을 풀어내려고 노력했다.

이 책은 부동산의 '부' 자도 모르는 이들이 꼭 읽었으면 한다. 살면서 부동산에 대해 생각해본 적이 없는 당신. 너무 반갑다. 이 책은 바로 당신을 위한 책이다. 이 글을 읽으면서도 '부동산은 이제 끝났는데 차라리 주식이 좋다'라는 생각을 할 수 있다. 하지만 언젠가는 우리도 내 집을 마련하거나 누군가의 집에 월세, 전세 형태로 살아야 하는 순간이 반드시 온다. 그 뜻이 무엇일까? 주식은 오르든 내리든 안 사면 그만이지만, 부동산은 끝났든 끝나지 않았든 반드시 공부해야 할 필수 항목이라는 것이다.

이 책을 통해 부동산의 미래를 딱 한 번이라도 생각했으면 한다. 그리고 자가, 월세, 전세 중 어떤 형대로 당신의 주거 공간을 마련해야 할지 깊이 생각하는 시간을 가졌으면 하는 마음이다. 위기가 있으면 기회가 오듯 부동산이 또다시 상승할 것 같다면, 이번 하락장의 기회를 통해 나의 소중한 월급을 부동산으로 지켜내는 힘을 길러내라. 반대로 부동산은 더 이상 끝이라고 판단된다면, 당신의 월급을 나와 같이 무지성 투자로 잃지 않았으면 한다. 결국 우리는 부동산뿐만 아니라 경제 공부를 해야 한다.

달랑 이 책을 읽고 자본주의 야생에서 바로 맹수를 잡아서는 안 된다. 당신이 만약 원시인이라면 발가벗은 상태를 인정하라. 그리고 동굴 속에서 돌날을 깎고 나를 지켜줄 갑옷도 만들어야 한다. 이 책이 끝이 아니라 시작이 되어야 한다. 무엇보다 중요한 것은 당신의 의지와 노력이다. 부동산 투자뿐만 아니라 다른 투자를 할 때도 공통으로 해야 할 것은 바로 '절약'이다. 남들이 돈을 많이 쓸 때 덜 써야 하고, 돈을 덜 쓸 때 쓰지 않아야 하는 인내심도 필요하다.

나의 월급에 인격을 부여해 소중한 나의 친구라고 생각해야 한다. 저축의 힘은 어디서 나올까? 바로 돈을 소중히 다뤄야 한다. 돈을 소중히 다루면 내 곁을 떠나지 않고 그 힘을 발휘한다. 여기에 부동산 공부까지 한다면 그 시너지는 인생을 살아가는 데 큰 동반자가 될 것이다. 'Ctrl+C, Ctrl+V' 같은 복사하기, 붙여 넣기 인생에서 새로운 시야가 펼쳐질 것이다. 아직 늦지 않았다. 지금 당장이 책을 펼쳐 자본주의 야생에서 든든한 갑옷처럼 지켜줄 부동산 공부를 시작하자!

허군

CONTENTS

1장

아파트는
결국 오를 것이다

부동산 하락장?
결국 부동산(아파트)만이 기회다

2020년 세계는 코로나로 인해 무제한 양적완화로 천문학적인 자금이 시장에 풀렸다. 말 그대로 돈 축제다. 자연스럽게 소비는 물론, 많은 자금이 주식 시장과 부동산에 유입되며 부동산은 엄청난 상승기를 맛봤다. 끝없는 상승으로 평생 부동산에 관심 없던 사람들도 관심을 가지고 투자했다. 모든 관심사는 어떤 아파트로 누가 돈을 벌었다는 이야기로 쏠렸다. 주변에 청약이 됐다면 로또가 당첨된 것처럼 서로를 축하했다. 하지만 상승이 있으면 반드시 하락도 있는 법. 2022년 부동산 시장에 미분양 폭탄과 급격한 금리 상승 등 다양한 악재 뇌관들이 터지면서 급속도로 부동산 시장이 얼었다. 우리는 이 혼돈의 시장에서 어떻게 헤쳐 나아가야 할까?

1. 부자들은 2023년에 어디를 주목했을까?

매년 하나금융보고서에서 부자들의 금융 형태를 분석한 자료로, 대한민국 웰스 리포트가 발표된다. 2022년 말 기준 부자의 총자산 평균은 약 72억 원이다. 이 중 부동산 자산이 약 39억 7,000만 원으로 총자산의 55%를 차지하고 있다. 전년과 비교해볼 때 금융자산 규모는 비슷한 수준이지만, 부동산 시장이 약화되면서 부동산 자산이 5억 원 이상 감소했다. 그렇다면 슈퍼리치들은 고금리와 불확실한 시장에서 어디에 주목하고 있을까? **놀랍게도 부자들은 여전히 안정성·수익성 차원에서 부동산 자산을 선호했다.**

부자들의 부동산 전망과 소비 습관을 더 살펴보자. 79%의 부자들은 부동산 전망을 부정적으로 봤지만, 향후 투자 의향이 가장 높은 자산 순위는 32%로 부동산을 뽑았다. 부자가 생각하는 부동산 투자의 장점 중 첫 번째는 '자산을 안정적으로 유지하고 보존하는 기능'에 가장 많은 의견이 나왔다. 두 번째로 '장기적인 관점에서, 다른 투자 자산에 비해 투자 수익률이 우수'하다는 것, 세 번째는 '임대 수익 창출'이 선정됐다. 총 부동산 매수 경험은 일반 대중들은 평균 2.3회, 부자들은 5.3회 경험이 있었다.

자료 1-1. 부자가 생각하는 부동산 투자의 장점

부자가 생각하는 부동산 투자의 장점

(단위: %)

자산을 안정적으로 유지하고 보존하는 기능	36
장기적인 관점에서, 다른 투자 자산에 비해 투자수익률이 우수	32
임대 수익 창출	19
큰 장점은 없다고 생각한다	7
단기적인 변동성이 크지 않은 점	5
거래를 통해 증여가 가능한 점	1

출처 : 대한민국 웰스 리포트(2023)

부동산은 아파트, 토지, 빌딩, 오피스텔, 상가, 단독주택, 다가구주택, 해외 부동산 등 다양한 형태로 존재한다. 이 중 부자들의 자산 확대에 가장 크게 기여한 부동산 유형은 약 29%로, 40평형 미만 중소형 아파트로 꼽혔다. 두 번째로 40평형 이상 대형 아파트에 25%의 결과가 나왔다. 부자들은 부를 축적하기 위해 반드시 부동산 투자를 하고 있다. **그중 주목할 점은 부자들은 중소형 부동산에 집중했다는 것이다.** 평수가 낮은 중소형 부동산은 자본이 부족한 직장인에게 대형 평수 아파트보다 유리한 투자처가 된다.

마지막으로 소비 습관을 살펴보자. 부자라고 해서 모든 면에서 풍요로운 삶을 누리기보다는 각자의 뚜렷한 가치관을 가지고 소비와 투자를 하는 것으로 드러났다. 자동차, 여행, 건강관리, 마사지 등 본인의 가치관에 맞게 소비하고 있지만, **한편으로는 백화점은 가지는 않더라도 책은 정말 아끼지 않고 구매한다는 대답이 나왔다.** 부자가 되고 싶은가? '모방은 성공의 어머니'라는 말이 있다. 지금부터라도 부동산을 공부하고 독서를 해야 한다. 당신도 그러면 부자가 될 수 있다!

이 책을 준비하는 사이 '2023년 부자 보고서'가 발간됐다. 2023년 부동산은 대혼란의 시장이었다. 사실 부자들이 이제는 '부동산이 끝이라고 외치지는 않을까?' 하고 걱정된 마음으로 보고서를 열었다. 과연 2023년을 보낸 부자들은 부동산을 비관적으로 바라보고 있을까? 2024년 한국 부자는 향후 1년 이내 단기에 고수익이 예상되는 투자처로 '주식(47.8%)'과 '거주용 주택(46.5%)'을 가장 많이 꼽았다. 향후 3년 정도의 중장기 유망 투자처는 어디를 주목할까? '거주용 주택(44.3%)', '주식(44.0%)'으로 주식보다 거주용 주택, 즉 부동산에 주목하고 있다. 이는 작년(39.5%)보다 4.89% 증가한 수치다. 여전히 부자들은 부동산을 외치고 있다.

출처 : KB 금융지주

2. 다른 자산에는 없는 부동산의 특별 요소

슈퍼리치가 선정한 향후 투자 의향이 가장 높은 자산 1순위는 부동산이다. 부동산이 하락장에도 당당히 투자 의향 1위를 차지할 수 있었던 특징이 있다. 일반적으로 부동산 투자가 처음이라면 '부동산'이라는 단어가 낯설기만 하다. 여전히 부자들이 부동산을 안정적인 투자라고 말하는 이유에 의문이 들기도 한다. 그렇다면 '자산의 마지막 종착역'인 부동산은 어떠한 특징을 지니고 있을까? 주식, 코인에는 없는 차이점은 무엇이 있는지 알아보자.

(1) 부동성

부동산이란 '움직여 옮길 수 없는 재산이나 토지나 건물, 수목 따위'를 말한다. 이렇게 부동산은 '부동성'의 특징을 가진다. 옷, 음식, 자동차와 같은 상품은 필요시 이동이 가능하다. 그러나 부동산과 토지 그 자체는 움직일 수 없다. 변화 불가능한 자연의 성질을 가진다. 내가 살고 싶은 아파트를, 살고 싶은 땅에, 원하는 층과 평수를 정할 수 없다는 뜻이다. 전국에 있는 모든 부동산을 비교해도 내가 사는 집과 비슷한 집은 있지만, 똑같은 집은 없다. 이 특징 때문에 부동산의 가치는 주변 환경에 의해 많은 영향을 받게 된다.

① 똑같은 집은 어디에도 없다.
② 자연환경, 주변 인프라의 영향을 받는다.
③ 지역별 아파트마다 가격 사이클이 있다.
④ 임장과 올바른 정보 분석이 필요하다.

(2) 부증성

'더 이상 만들어낼 수 없다'라는 뜻이다. 옷과 음식은 수요에 따라 즉시 생산이 가능하다. 하지만 토지는 더 이상 생산할 수 없는 자산이다. 토지의 용도 변화는 생길 수 있지만, 임의로 양을 늘리지 못한다. 아파트 분양으로 부족한 공급을 늘릴 수는 있지만, 다른 자산에 비해 상당히 많은 시간이 필요하다. 가격 또한 비싸서 공장처럼 찍어낼 수 없다. 특히 우리나라는 좁은 땅에 산림이 많이 분포되어 있다. 2020년 국토교통부 기준, 국토 면적 세계 108위인 대한민국은 땅이 부족할뿐더러 그 땅의 약 68%가 산이다. 따라서 부동산의 가치와 희소성은 점차 커질 것이다.

① 수요, 공급의 불균형이 생긴다.

② 토지 용도에 따라 가치가 바뀐다.

③ 희소성을 가진다.

④ 특정 지역 토지가 부족한 현상이 발생한다.

(3) 영속성

자동차는 매장을 나가는 순간, 중고차가 된다. 사용하면 할수록 마모가 되고, 결국 폐차가 된다. 아파트와 건물 역시 낡고 망가지고 파괴되어 건물 가격이 '0'으로 수렴한다. 따라서 자동차와 부동산을 같은 소모품으로 생각할 수 있다. 그러나 그것은 토지를 제외한 이야기다. 건물이 지어진 토지는 몇 번이나 사용 가능하고, 1000년이 지나도 사용할 수 있다. 토지는 이렇듯 소멸하거나 마모되지 않는 성질을 가지고 있다. 국내 코인 거래소에 상장 폐지된 코인이 30개 이상이나 된다. 주식 또한 시장이 좋지 않을 때 상장 폐지 기업이 증가한다. 그러나 부동산은 실물 자산이기 때문에 가격이 하락해도 내재적 가치가 0에 수렴하는 주식과 다르게 상폐 개념이 없다.

① 투자 선호도가 높다.

② 비소모성을 가진다.

③ 소유와 이용의 분리로 임대차 시장이 만들어진다.

④ 눈에 보이는 실물 자산이다.

부동산 커뮤니티에는 언제나 상승론자와 하락론자들이 싸우기 바쁘다. 중요한 것은 자본주의 국가의 경제 주체인 우리는 단 한 번이라도 반드시 부동산을 거래해야 한다. 과거에 인간은 야생에서 맹수와 추위에 살아남기 위해 안전하고, 편안한 보금자리를 가장 중요하게 여겼다. 우리의 뇌는 현대사회보다 빠르게 진화하지 못했다. 뇌는 과거의 본능 때문에 집값이 오르고 내리는 것은 곧 나의 보금자리에 위협을 받는 것으로 판단한다. 다른 투자보다 굉장히 민감하게 반응한다. 집은 인간의 생존에 필수적인 공간이며, 편안함까지 제공한다. 부동산 투자를 하지 않고, 내 집 마련을 하지 않더라도 우리는 월세든, 전세든 주택에 살아야 하므로 편안한 나의 보금자리인 부동산 공부가 꼭 필요하다.

3. 왜 (하필) 아파트일까?

(1) 다른 부동산보다 투명하다

아파트는 다른 부동산보다 실거래가격과 전월세가격을 알기 쉽다. 네이버 부동산만 보더라도 내가 검색한 아파트의 최근 거래와 가격이 얼마인지 한눈에 파악이 된다. 거래량과 거래된 금액으로 지금 나온 매물 가격이 비싼지, 급매인지 적절하게 파악도 가능하다. 통계청의 '2021년 행정구역별 주택 유형'에 의하면, 2021년 우리나라 총주택 수에서 아파트는 전국 50% 이상 차지한다. 아파트가 가장 많은 도시는 세종시로 75%가 아파트다. 그만큼 전국에 많은 아파트가 있어 비교할 대상이 많다. 다른 주택보다 비교 대상도 많고, 실거래가격을 알기 쉬운 덕분에 값을 속이지 못한다. 실제 거래한 가격과 다르게 다운계약서를 쓴다거나 하는 등 불법적으로 거래하기도 어렵다.

자료 1-2. 일반 가구 행정구역별 주택 유형

구분	2021				
	계	단독주택	아파트	연립주택	다세대주택
전국	100.0	30.4	51.5	2.1	9.3
서울	100.0	26.1	43.0	2.6	18.8
부산	100.0	24.0	56.8	1.9	10.0
대구	100.0	32.8	57.4	0.8	5.0
인천	100.0	15.7	54.9	2.1	18.1
광주	100.0	26.6	66.9	1.4	1.1
대전	100.0	34.6	55.2	1.5	4.9
울산	100.0	28.6	60.6	1.4	4.5
세종	100.0	20.5	75.0	0.6	0.7
경기	100.0	21.0	58.3	2.2	11.2
강원	100.0	44.5	46.7	2.4	1.4
충북	100.0	42.1	49.0	1.9	2.3
충남	100.0	42.7	46.3	1.9	3.4
전북	100.0	44.4	48.4	1.8	1.3
전남	100.0	51.6	39.8	1.7	1.1
경북	100.0	47.8	42.0	2.1	3.3
경남	100.0	38.5	52.7	1.6	2.2
제주	100.0	45.3	25.6	8.7	10.6

출처 : 통계청

(2) 집은 인간의 필수 요소다

집이란 의식주에 포함된 필수 요소다. 필수 요소들은 수요와 공급에 의해 비탄력적인 경향이 있다. 그중 아파트는 한국 주거형 부동산 중 가장 관심을 받는다. 관심은 수요를 불러일으킨다. 수요는 가격 상승을 만든다. 부동산의 특징에서 살펴봤듯 내가 하락론자라도 전세든, 자가든 무조건 하나는 선택해야 한다. 다른 재화나 주식은 비싸면 안 사면 그만이지만, 아파트는 다르다. 비싸다고 해서 안 살 수 있는 물건이 아니다. 또다시 전세난이 일어나서 전세가격이 급등해도 어쩔 수 없이 선택해야 한다.

⑶ 아파트는 살기 좋다

단독주택, 다가구주택, 빌라와 다르게 아파트는 입구부터 나를 환영해준다. 대단지 아파트일수록 편의시설과 우리 아이들이 지낼 수 있는 커뮤니티 시설도 많다. 걸어서 누릴 수 있는 상권들과 편의시설이 많다. 신축 아파트 경우 조경을 아름답게 꾸며서 자연적인 요소도 있다. 그러면 빌라에 살면 가장 큰 문제는 무엇인가? 바로 주차다. 지하 주차장이 있는 아파트는 주차 스트레스를 받지 않는다. 어린이집도 있어서 안전하게 아이를 키울 수 있다. 평수도 다양하다. 가족 구성원에 따라 내가 원하는 평수를 정할 수 있고, 인터넷에 어떻게 생겼는지 확인도 가능하다.

주변을 둘러봐도 아파트에서 살다가 다시 빌라로 이사하는 사람들은 잘 없다. 아파트가 주는 편안함과 대접받는 기분을 영원히 느끼고 싶기 때문이다. 다른 종류의 부동산 투자도 물론 좋은 자산이 된다. 하지만 부동산 투자가 처음이라면 아파트 공부를 먼저 시작하는 것을 추천한다. 아파트 공부는 내 가족과 아이들이 지낼 좋은 보금자리를 찾는 공부이기 때문이다. 부동산 공부로 내 가족과 자산을 지켜주자. 당신도 포모(FOMO, 소외된 것 같은 두려움을 가지는 증상)를 벗어나 부자가 걸어가는 길을 함께 걸을 수 있을 것이다.

'아파트 공화국'이라고 불릴 만큼 대한민국의 아파트 사랑은 뜨겁다. 국토교통부에서 발표한 2021년도 주거실태조사에 따르면, 고령 가구의 44%, 신혼부부 가구의 경우 72.5%나 되는 인구가 아파트에 거주하고 있다. 시간이 지나고 연령대가 낮아질수록 아파트의 사랑과 수요는 점차 뜨거워진다고 해석된다. 그렇다면 대한민국은 처음부터 아파트에 열광했을까? 우리나라 아파트의 역사를 조금 살펴보자.

우리나라 아파트의 시발점은 종암 아파트와 마포구에 있는 마포 아파트다. 1958년에 지어진 종암 아파트는 성북구 종암동에 지은 5층, 3개 동, 152세대의 아파트다. 마포 아파트는 1961년 10월에 착공해서 1964년 11월 30일에 1, 2차 공사가 완성됐다. 놀랍게도 그 당시 처음 아파트가 생겼을 때는 국민들의 인식이 좋지 않았다. 1971년의 아파트 논문을 살펴보면, 아파트를 선호하지 않는 이유와 단점에 관한 연구가 있을 정도였다. 아파트를 선호하지 않는다니 지금과는 다른 분위기다.

그때를 되돌아보면 아파트가 인기 없을 수밖에 없었다. 첫 번째, 1970년대 국민들이 원하는 라이프 스타일과 거리가 멀었다. 둘째, 서민층은 지금처럼 아파트는 비싸서 매입하지 못했고, 중산층들은 아파트에 관심이 부족했다. 마지막으로 1970년에 발생한 와우 아파트의 붕괴 사건으로, 아파트는 최악의 주거 형태라는 이미지를 각인하게 된 안타까운 사건이 발생했다. 그러다가 1980년 박정희 정권 때부터 아파트의 인식이 강남에서부터 꿈틀대기 시작한다.

정부에서 강남을 발전시키기 위해 학군이 유명한 명문고들을 강남으로 옮기고, 법원과 경찰청 등 주요 기관까지 강제 이전시켰다. 결국 학군을 위해 학부모들은 강남으로 자연스럽게 이사를 하게 됐다. 일자리가 모여 있는 강남은 회사가 가까워 퇴근 후 자녀 육아에 편리함을 느끼며, 아파트의 인식이 좋아졌다. 과거와 달리 지금은 없어서는 안 될 아파트는 대한민국 핵심 주거형 부동산이 됐다.

아파트별 생활의 만족도

만족도 / 아파트별	대단히 만족	대체로 만족	그저 그렇다	만족하지 못함	대단히 만족하지 못함	무응답	계
주공 아파트	6(12%)	16(32%)	18(36%)	8(16%)	2(4%)		50(100%)
공무원 아파트	3(6)	32(64)	5(10)	7(14)	2(4)	1(2)	50(100)
상가 아파트	1(2)	33(66)	11(22)	5(10)			50(100)
맨션 아파트	2(4)	46(92)	1(2)			1(2)	50(100)
민영 아파트	4(8)	15(30)	19(38)	11(22)	1(2)		50(100)
시민 아파트		9(18)	23(46)	15(30)	3(6)		50(100)
시 중산층 아파트	1(2)	21(42)	6(12)	20(40)	2(4)		50(100)
계	17(4.85)	172(49.14)	83(23.71)	66(18.84)	10(2.85)	2(0.57)	350(100)

출처 : 주택도시연구원

부동산 하락장, 인구 감소와
고령화에 소형 부동산이 딱이다

대한민국의 어린이집과 초등학교가 요양원으로 대체되고 있다. 현재 우리나라의 걱정거리 중 인구문제가 1등이다. KOSIS(통계청, 장래인구추계) 기준, 10년 뒤 (2034년) 대한민국 인구는 50,937,726명으로, 현재 51,712,619명보다 약 77만 명이 감소될 전망이다. 이는 한 지역의 인구가 소멸한 수준이다(2023년 12월 기준 제주도 인구 67.5만 명). 현재 소폭으로 인구 증가세를 보이고 있지만, 2025년부터는 인구성장률이 계속 마이너스 될 전망이다. 더 큰 문제는 고령화 지수의 상승이다. 평균연령도 계속 상승하고 있다. 10년 전보다 중위 연령은 5.9세 증가했다. 정말 부동산은 두 번 다시 기회가 오지 않을까?

1. 고령화 시대 소형 부동산이 딱이다

2017년 7월 27일에 한국은행에서 발표한 '인구고령화가 주택 시장에 미치는 영향'(오강현·김솔·윤재준·안상기·권동휘) 보고서에 따르면, 2020년부터 베이비붐 세대(1955~1963년생)가 고령층(65세 이상)에 대거 진입하면서 인구 고령화가 주택 시장에 미치는 영향이 압축적으로 진행될 가능성이 있음을 발표했다. 주택 수요를 감소시켜 주택가격 하락 압력으로 작용할 것이라는 주장이 있다. 반대의견으로 1~2인 가구 증가, 투자 수요 등에 따른 주택 보유 경향 등을 감안할 경우 그 영향이 크지 않을 것이라는 연구 결과들도 상당수 존재한다. 전반적으로 일치된 의견에는 이르지 못하는 상황이다.

아파트 위주의 주택 수급 구조가 형성된 가운데, 젊은 세대일수록 아파트에 대한 선호가 뚜렷해지는 모습을 보인다. 1~2인 가구 증가로 중소형 규모 주택에 대한 선호도가 증가했다. 투자처로서 주택 보유 유인 중 '자본이득 추구형(전세)'이 약화된 반면, 은퇴 세대를 중심으로 '현금흐름 추구형(월세)' 증가를 예상한다. 고령 1~2인 가구가 늘어나고, 은퇴 후 주택자산 유동화 필요성이 커지고 있다. 이들의 선호에 부합하는 중소형 주택, 아파트에 대한 수요가 더욱 늘어날 것으로 나타났다.

한국은행에서 발표한 '인구 고령화가 주택 시장에 미치는 영향' 보고서를 직접 검색해서 읽어보길 추천한다. 요약하자면 다음과 같다.

① 고령화로 주택 수요가 감소한다. 그러나 1~2인 가구 증가와 투자 수요로 영향은 크지 않을 것이다.
② 1~2인 가구 증가로 중소형 규모 주택에 대한 선호도가 증가한다.
③ 임차 거주 비중은 월세 중심으로 빠르게 변화하고 있다.
④ 은퇴 후 투자 자산으로 중소형 규모 주택 수요가 더욱 늘어날 것이다.
⑤ 고령층으로 갈수록 자가 비중이 높아진다.
⑥ 주거면적의 경우, 자가 가구는 자녀 성장, 교육 등으로 40대 초반까지

주거면적을 늘린 후 자녀 취업 및 결혼, 은퇴 후 소득 감소 등으로 60
대 중반 이후 주거면적을 축소하는 행태를 보인다.

2023년 기준 1963년생은 만 60세로, 대부분 회사에서 특별한 사유가 없
다면 정년퇴직을 한다. 대한민국 노동력의 중추였던 베이비붐 세대가 사라진
다는 뜻이다. 통계청 장래인구추계 따르면, 생산연령인구(15~64세)가 2023년
(36,571,568명), 2030년(34,165,560명), 2040년(29,029,154명)으로 추정되어 빠르게 감
소하고 있다(2023년 12월 기준). 하시만 퇴직한 고령인도 부동산이 필요하다. 노후
를 위해 투자도 한다. 살아갈 곳도 필요하다. 소형 부동산은 그들에게 꼭 필요
한 자산과 집이다.

2. 부동산 기회. 미래 수요자는 1인 가구다

2022년 10월 KB금융그룹에서 발표한 '한국 1인 가구 새롭게 들여다보기'(이
신애·황원경·정승환) 보고서에서 1인 가구가 가장 많이 거주하는 주택 유형은 '아
파트'다. 2020년 조사 시 '연립주택 및 다세대주택'이었던 것에서 역전된 결과
다. 아파트에 거주하는 비율은 올해 36.2%로, 2020년(33.0%)에 비해 3.2% 증
가했다. 반면 연립주택 및 다세대주택에 거주하는 비율은 2020년 39.6%에서
2022년 35.3%로 4.3% 감소했다. **1인 가구의 거주 주택 규모는 여전히 초소형/
소형의 비율이 82.9%로 가장 높다.**

1인 가구는 향후 계속 증가해서 2030년에는 830만 가구, 2040년에는 910
만 가구에 달할 것으로 추정된다. '통계청 장래가구추계'에 따르면, 전체 가구

중 1인 가구가 차지하고 있는 비중은 2023년 현재 33.62%다. 향후 2030년 35.61%, 2040년 37.94%로 추정하며 꾸준한 상승이 예상된다. 직장이 많은 수도권만 그럴 것으로 생각하는가? 천만의 말씀이다. 2023년 기준 서울 37.13%, 대전 38.19% ,부산 34.34%, 대구 32.93%, 강원 36.6% 등 비슷한 비율을 보여준다.

소형 부동산의 종류를 보면 원룸, 오피스텔, 소형 아파트 등이 있다. 소형 아파트 이외 부동산 역시 좋은 수익률을 달성할 수 있지만, 다른 부동산은 이전에 설명한 아파트의 장점이 있지 않다. 원룸에 살면 오피스텔에 살고 싶고, 오피스텔에 살고 싶으면 아파트에 살고 싶은 게 사람 심리다. 대한민국에서 아파트는 주거 욕구의 마지막 종착지다. 그중 1인 가구는 소형 평수 아파트를 정말 선호한다. 무엇보다 단지 안에 있는 편의시설과 인프라를 편하게 누릴 수 있기 때문이다.

하나금융보고서 '2023 웰스 리포트'와 KB금융그룹의 '한국 1인 가구 새롭게 들여다보기', KB금융그룹 '한국 1인 가구 새롭게 들여다보기' 등 다양한 연구 결과를 빠르게 살펴봤다. 3가지 보고서를 보고, 하나의 공통점을 발견했는가? **부자와 고령인구는 중소형 부동산에 투자한다는 것이다! 그리고 1인 가구는 소형 부동산을 선호한다!** 소비자가 누구인가 정확히 파악하는 것은 상당히 중요하다. 코로나가 처음 발생했을 당시 마스크 공장과 의약 회사들은 정확한 수요를 예측해 큰 부를 축적했다. 없어서 못 팔 정도였다. 부동산도 없어서 못 팔 일은 없겠지만, 미래의 부동산 소비자는 1~2인 가구가 될 것이다.

3. 부동산은 인구수보다는 세대수에 집중해야 한다

주변에 하락론자가 있는가? "앞으로 부동산을 어떻게 생각하세요?" 하고 한 번 물어보자. 그러면 신나게 여러 가지 이유를 논리적으로 설명해줄 것이다. 이유 중 반드시 "인구 감소로 인해 빈집이 넘쳐나는데 어떻게 부동산이 오르겠어?"라고 말할 것이다. 사실 100% 틀린 말은 아니다. 인구 감소로 빈집은 실제로 많이 존재한다. 그뿐만 아니라 알게 모르게 사회적 문제까지 만든다. 빈집은 그 지역의 흉물이 된다. '깨진 유리창 이론'으로 범죄에 취약해진다. 빠른 인구 감소로 전국의 빈집이 130만 채를 넘어섰다.

단면적인 모습만 보면, 부동산은 앞으로 빈집이 넘쳐날 것 같다. 조금만 기다리면 빈집이 넘쳐나서 모두가 아파트에 행복하게 살 것 같다. (그런데) 현실은 항상 다르다. 집값은 왜 또 올라가는지, 떨어졌는데도 여전히 비싸다. 여러분은 한 번쯤 이런 생각한 적 없는가? '미분양도 많아서 빈집이 널렸는데 내 집은 없네?' 부동산을 살펴볼 때 과연 인구수만 절대적으로 의존할까? 부동산 인구수에 대한 본질은 바로 가구수다. 부동산의 실제 수요는 인구수가 아닌 총가구수로 결정된다.

통계청에서 발표하는 총가구수란 '1인 또는 2인 이상이 모여서 취사, 취침 등 생계를 같이하는 생활 단위'를 의미한다. 추계가구는 일반가구(가족으로 이뤄진 가구, 가족과 5인 이하의 남남이 함께 사는 가구, 1인 가구, 가족이 아닌 남남끼리 사는 5인 이하의 가구를 의미한다)만을 대상으로 한다. 즉 하나의 가구가 하나의 집이 필요하다는 뜻이다. 2023년 21,833,527가구, 2030년 23,180,129가구, 2040년 23,866,166가구로 꾸준히 상승한다. 1~2인 가구의 증가와 함께 외국인 증가도 요인이 된다.

그래도 의심이 된다면 실제 인구가 감소하는 지역이 정말 부동산 하락으로 이어졌는지 확인해보자. 수도권 이외 지방 도시는 빠르게 인구가 감소한다. 특별히 대기업 일자리가 부족한 지방 도시는 젊은 세대의 인구 이탈이 심하다. 예시로 대구를 살펴보자. 10년 전 대구 인구는 2013년 250.3만 명에서 현재 2023년 236.6만 명으로 인구 이탈이 가파르게 진행 중이다. 그렇다면 집값도 같이 하락했을까? 미분양, 고금리 등 다양한 악재로 대구의 한 아파트 가격이 크게 하락해서 40% 이상 하락한 아파트도 많았다. 하지만 2013년 4월에서 2023년 4월까지 KB 부동산 월간 아파트 매매가격지수는 35% 이상 상승했다.

이처럼 인구 감소는 부동산 하락 요인 중 하나일 뿐이다. 또 부동산은 1명당 부동산 한 채가 아니기에 1명이 여러 채를 보유하기도 한다. 여유가 있으면 1명이 한 채만 구입하는 것이 아닌 백 채도 구입할 수 있다. 자녀가 있는 가구들은 자녀들이 크면 집이 더 필요하다. 주말부부는 2개의 집이 필요하다. 부부가 이혼해도 마찬가지다. 통계의 눈속임에 속아서는 안 된다. 남들이 말하는 대로 받아들인다면 남들처럼 살게 된다.

부동산 하락장, 전세와 중심 쏠림으로
한국은 일본 부동산과 다르다

부동산 하락론자가 내세우는 하락 근거에는 인구 감소 원인 말고 또 다른 이유가 더 있다. 그다음 하락 이유는 '한국은 일본처럼 가고 있다!'라는 것이다. 이유를 물어보면 잘 모르긴 하지만, 유튜브나 전문가들이 그렇다고 한다. 실제로 검색하면 전문가들 또한 의견이 늘 갈린다. 하지만 전문가들의 말만 듣고 내 집 마련과 투자를 미룰 수는 없다. 실제로는 한국과 일본의 정책과 문화적 차이는 명백히 다르다. 또한 연구 자료를 찾아보면, 일본도 마찬가지로 중심지는 상승 중에 있다는 것을 발견한다.

1. 일본 부동산 버블과 정책적인 차이

일본 경제를 말할 때 '사라진 30년'이라는 말을 들어봤을 것이다. 일본 경제를 몰라도 대부분 사람은 한 번쯤 들어본 적 있는 말이다. 일본 버블 붕괴로 생겨난 말이다. 1980년대 일본의 부동산 버블을 이끈 것은 1985년 플라자 합의, 1987년 루브르 합의의 영향이 가장 크다. 1985년 9월에 플라자 합의로 달러-

엔 환율이 240엔 정도에서 120엔까지 떨어졌다. 이후 1987년 2월 루브르 합의는 일본 내수 부양을 위한 다양한 대책을 세우게 된다. 금리 인하와 함께 부동산 경기 부양을 위해 주택담보대출(LTV)을 120% 증대시키는 방안을 세웠다.

현재 우리나라의 주택담보대출은 무주택자 기준 80%다. 당시 일본과 상당한 차이가 있다. 1억 원짜리 아파트를 우리나라에서 구입하면 2,000만 원의 자기자본이 필요하다. 일본은 아파트를 산다면 1억 2,000만 원을 빌릴 수 있었다. 대출을 받으니 오히려 2,000만 원이 생겨나는 꼴이다. 이러한 내수 부양 정책은 버블을 증폭시켰다. 급격한 금리 인하에 이자 부담도 적은데 대출까지 잘 나오니 국민과 기업 모두 상당한 주택을 구입하게 됐다. 고스란히 부동산 가격은 버블이 만들어졌다. 도쿄 땅을 팔면 미국 땅 전부를 살 수 있을 거라는 말이 나올 정도였다.

결국 터져버릴 것이 터졌다. 1989년에 2.50%였던 기준금리가 1990년에는 6.00%까지 올랐다. 1년 만에 3.5%의 금리가 오른 것이다. 현재 우리나라도 짧은 시간에 급격한 금리 인상을 하고 있지만, 수치로는 확연히 다른 모습이다. 일본은 LTV까지 높아 대출금액도 많았기 때문에 금리 상승으로 이자 부담을 견딜 수 없었다. 결국 너도나도 집을 팔게 되는 분위기가 오면서 버블이 터지게 됐다. 일본과 우리나라는 비슷해 보이지만, 내면적으로는 대출부터 상당히 다른 모습이다.

또 다른 점은 정책이다. 1990년대 일본 부동산 하락 원인은 과다 공급이다. 일본이 내수 정책 노력을 펼치던 1980년대 부동산 연평균 공급 가구수는 136만 정도였다. 문제는 1990년대에는 오히려 공급이 증가해 144만 가구나 공급

됐다. 우리나라도 하락장을 겪고 있지만, 지금도 무분별한 공급이 진행되고 있는가? 2023년 미분양이 가장 많은 대구를 보자. 대구는 2023년 3월 기준, 미분양 주택이 약 1.3만 호가 있다. 대구시는 미분양 해소 및 주택 시장 안정화를 위해 '신규 사업 전면 중단'을 결정했다. 부동산 시장을 회복하기 위해 '신규 사업 전면 중단' 카드를 들었다. 집값 하락은 피하지 못했지만, 과열과 침체에 따라 일본보다 항상 빠른 정책 카드를 내놓았다.

2. 우리나라와 일본의 문화의 차이점

일본의 주거 문화는 한국과 다르다. 일본은 신축 개인 주택을 선호한다. 일본인들은 커뮤니티를 공유하는 문화보다 단독적인 주거시설을 더욱 선호한다. 지역별 단독주택의 비율이 가장 높은 곳은 2021년 10월 기준 아키타현 81%, 낮은 곳은 도쿄 28.2%로, 도심지역은 토지 부족 현상으로 단독주택 비율이 낮다. 전국 단독주택 비율은 55.04%다. 일본 애니메이션이나 영화를 보더라도 대부분 주인공의 집은 단독주택이다. 일본 여행을 가더라도 고층 아파트는 잘 보이지 않는다. 태풍, 지진 발생이 잦은 것도 고층 아파트가 없는 이유에 속한다.

우리나라는 어떤가? 드라마와 영화 배경에 아파트가 빠지지 않는다. 2021년에 제작된 〈해피니스〉라는 드라마는 고층은 일반분양, 저층은 임대주택으로 나눈 신축 아파트의 속 이야기를 다루었다. 다른 영화는 층간 소음과 주차 문제로 주민들과 다투는 장면도 나온다. 문화적 요소만 보더라도 일본과 우리나라는 주거 환경 및 생활방식이 상당히 다른 점을 보여준다. 결정적인 것은 우리나라는 부동산을 투자 자산으로 판단하지만, 일본인들은 '감가상각'이 되는 자산으로 생각하는 경향이 크다.

일본에는 비정규직 근로자의 문제도 있다. 2010년 12월 1일에 작성된 '일본의 고용전략 변화'(은수미)에도 여성 중심의 파트타이머가 전체 임금근로자의 16%에 달하고 발표했다. 비정규 근로가 증가도 한몫한다. 1990년 20.2%이던 비정규직이 2008년 34.4%로 늘어났다. 비정규직과 정규직의 임금 차이도 크게 나타난다. 2019년 기준 일본 국세청 자료를 보면, 비정규직 노동자의 연 수입은 175만 엔으로 정규직 503만 엔의 절반도 미치지 못한다.

은행은 비정규직 근로자에 대한 대출 심사가 까다롭다. 2022년 12월 기준, 일본 주택담보대출 금리는 1% 미만으로, 낮은 금리의 대출이 가능하다. 하지만 금리가 낮아도 임금이 낮아 대출금 상환에 부담을 느낀다. 임금보다 더 문제는 은행은 금리가 낮아서 아무나 빌려주지 않는다. 대출 심사를 통해 직업, 나이, 연간 소득 등 다양한 요소를 따진다. 이런 상황으로 대출받을 수 있는 직장인들은 많지 않을 것이며, 비정규직 근로자들이 대출받아도 정규직 근로자보다 높은 금리의 대출을 적용받는다.

3. 도쿄 아파트의 분양 열기가 뜨겁다

일본 사람들은 평생 내 집 마련을 하지 않는 것일까? 일본 사람들도 때가 되면 집을 산다. 우리나라와 달리 투자 목적이 아닌 대부분 거주용으로 구입한다. 일본 국토교통성의 '2019년 주택 시장 동향 조사 보고서'에 따르면, 처음 주택 구매의 평균 연령은 30~40대가 가장 많이 구매한다. 2020년 11월에 실시된 주택금융지원기구의 앙케트 조사에서 주택 취득 동기를 보면, 20~30대는 결혼·출산·가족을 위해, 50대의 대부분은 노후의 안정을 위해서라고 답했다. 주택 취득 동기가 부동산 가격 상승이 아님을 알 수 있다.

여기서 결혼, 출산, 가족을 위해 노후에 안정된 곳은 어디인가? 바로 살기 편한 곳, 평생 살아도 될 곳, 편의시설이 많은 곳이다. 서울처럼 도쿄와 같은 중심지가 그런 곳이다. 문제는 내가 살기 좋은 집은 다른 사람도 살기 좋은 곳이고 구매 욕구를 일으킨다. 수요가 있다는 것은 가격이 오른다는 뜻과 같다. 일본 중심지는 현재 부동산 가격이 오르고 있을까?

2023년 5월 23일 〈동아일보〉의 '인공 매립지 아파트도 청약경쟁률 266대 1…日 부동산 들썩' 기사에 따르면, 2020 도쿄올림픽 선수촌으로 쓰인 아파트 분양에 구매자가 몰리고 있다. 도쿄 도심 곳곳에 초고가 아파트가 들어서면서 주택가격이 들썩이고 있다. 일부 평형 분양 경쟁률이 최대 266대 1을 기록했다. 최고 분양가격이 3억 2,700만 엔(약 31억 원)에 달할 정도로 비싸지만, 이례적인 분양 대성공을 거뒀다. 한국이었어도 주목할 만한 경쟁률이다.

'프리미엄(웃돈)'을 얹어 전매도 발생했다. 과열 조짐이 보이자 대표 분양사 미쓰이 부동산은 50층 아파트 2개 동 분양에 대해서는 "1인당 두 채까지만 구매할 수 있다"라고 제한했다. 일본 부동산 경제연구소에 따르면, 2023년 4월 기준 수도권 신축 분양 아파트 평균 가격은 1억 4,360만 엔을 기록해 사상 최초로 첫 1억 엔(약 10억 원)을 돌파했다. 1년 전보다도 2.2배 높아진 가격이다. '최근 도쿄 도심에 속속 초고가 재개발 아파트의 분양이 성공한 영향 등이 반영된 것으로 보인다.

우리나라와 일본 부동산의 주택 유형과 문화 차이점을 알아봤다. 한 가지 차이점을 더 뽑자면, 한국과 일본은 임차 방식도 다르다. 일본에는 전세제도가 없다. 대부분 보증금 없는 월세 형식으로 세입자가 살고 있다. 전세에 대해서 뒷부분에 자세히 설명하겠지만, 전세가 없다는 것은 주택가격의 '하방경직성'이 없다는 뜻이다. 우리나라는 전세제도가 있어 하락장이 올 때마다 전세가격이 매매가격을 받쳐주는 형태여서 일본만큼 크게 하락하지 않았다. 이런 다방면적인 요인들을 살펴보면, 우리나라는 일본 부동산과 다를 것이다.

아파트 가격만 유독 오르는 게 아니다
(feat. 인플레이션 때문에 모든 게 오른다)

통계청에 따르면 2022년 7월에 소비자물가지수는 6.3%를 기록했다. 이제껏 물가가 떨어진 적은 단 한 번도 없었다. 심지어 10% 이상 증가한 적도 있었다. 물가는 왜 오를까? 그것은 광의통화량(M2)을 보면 알 수 있다. 광의통화량(M2)이란 '현금과 바로 현금화가 가능한 금융상품을 포함한 통화지표로 현금 유동성'을 뜻한다. 광의통화량(M2)은 20년간 꾸준히 증가했다. 아무도 모르게 돈이 계속 늘어나고 있다는 뜻이다. 자본주의에서 수량이 늘어난다는 것은 공급이 증가한다는 것이다. 공급이 증가하면 희소성이 사라진다. 돈은 소중한데 왜 희소성을 줄이려 할까.

1. 아파트 가격이 계속 올라간다

우리는 평생 쉬지 않고 일한다. 대부분 몇 해 전보다 월급은 분명히 올랐다. 그런데 소득이 증가했는데, 매년 장을 볼수록 이상하게 장바구니를 채우기는 쉽지 않다. 작년보다 물가가 비싸졌기 때문이다. 그뿐인가? 집값이 이미 많이 올라서 집값이 내려갈 때도 집값이 싸다는 생각이 들지 않는다. 우리 월급이 물가 상승율만큼 따라가지 못했기 때문이다. 그러면 최저시급을 '소비자 물가에 맞춰서 올리면 되지 않나?'라는 생각이 든다. 하지만 임금은 한번 상승하면 감소하기 어려운 성질 때문에 그리기가 어렵다. 물가가 비싸다고 올해 월급을 올려줬는데, 내년에 다시 월급을 내리기는 어렵기 때문이다. 물가는 왜 혼자 더 많이 오를까?

자료 1-3. 소비자 물가 추이

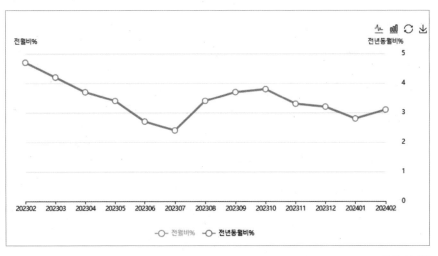

출처 : 통계청

물가 상승은 다른 말로 화폐가치가 하락한다는 말과 같다. 물가는 흔히 알고 있는 수요, 공급의 개념으로 접근할 수 있다. 아파트 공급이 부족할 때 아파트를 살기 원하는 사람이 늘어난다면 집값은 오른다. 공급이 수요를 따라가지 못하기 때문이다. 코로나 때 마스크 가격이 급등한 것과 같다. 그러면 화폐가치 하락으로 물가 상승이 일어나는 것은 무슨 뜻일까? 국가는 아무도 모르게 돈의 유통량을 증가시켜 계속 돈을 늘리고 있다. 계속 돈을 유통해 경제를 움직이도록 하고 있다.

끊임없는 돈의 유통량으로 자연스럽게 화폐가치는 하락한다. 화폐가치 하락은 자연스럽게 물가를 상승시킨다. 작년보다 자장면과 삼겹살이 맛있어서 비싸진 것이 아니라 화폐가치가 하락해서 더 많은 돈이 필요해졌기 때문이다. 이것이 '인플레이션'이다. 인플레이션이란 '화폐가치가 하락해 물가가 상승하는 현상'을 말한다. 그러면 국가는 계속 늘어나는 돈을 어떻게 갚을까? 인플레이션을 발생시키면 된다. 장기적인 인플레이션으로 화폐가치를 꾸준히 하락시켜 부채 부담을 하락시키는 것이다.

부모님께서는 항상 '열심히 일해서 열심히 저축'하라고 강조하셨다. 하지만 부모님 말씀과 달리 자본주의는 저축해서 집을 살 때까지 기다려주지 않았다. 30년 전 광의 통화량(M2)은 약 16배 상승했다. 실물 자산은 유통량이 증가할 때마다 상승해왔다. 월급은 계속 상승하지 않는다. 어제 받은 월급은 지금, 이 순간에도 가치가 하락하고 있다. 자본주의를 빨리 깨달을수록 우리는 부자가 될 확률이 높다. EBS 다큐프라임 〈자본주의〉를 시청하기 바란다. 나 또한 도움을 많이 받은 자료다.

2. 우리는 어떻게 돈을 지켜야 할까?

2023년 미국의 소비자물가지수 목표치는 2%로 결정했다. 물가가 많이 올랐는데 목표치는 여전히 (+)를 향하고 있다. 미국 포함 선진국은 '2%'로 목표를 잡는다. 지금도 많이 올라서 힘든데, 왜 선진국들은 계속 물가를 올리려고 할까. 자본주의에서는 물가 상승보다 물가 하락이 더 무섭기 때문이다. '디플레이션'

때문이다. 물가가 장기적으로 하락하는 현상을 말한다. 장기적으로 물가가 하락하면 경제침체에 빠진다. 그런데 물가가 싸지면 사람들이 소비를 더 많이 하지 않을까?

예시로 냉장고를 사보자. 냉장고를 사려고 계산하려고 하는데, 직원이 "매일 -2% 할인하는 냉장고입니다"라고 말한다. 그러면 우리는 지금 냉장고를 살 것인가? 아니다. 내일도 고민될 것이다. 매일 할인을 해주니 기다릴 것이다. 시간이 흐르면 1년 뒤에도 사는 사람이 없을 것이다. 왜냐하면 오늘이 가장 비싼 가격이니까! 이것이 디플레이션의 공포다. 사람들은 물가가 오를 것이라는 기대감에 소비를 한다. 물가가 내릴 것이라는 기대감이 생기면 아무도 소비하지 않는다.

이런 간단한 원리로 인정하기 싫어도 자본주의에서 물가는 계속 오른다. 이런 와중에 우리 현실은 어떤가? 월급만 안 오르고, 모든 것이 오른다. 자본주의에서 직장인 상황을 정리해보면 다음과 같다.

① 돈의 유통량이 늘어난다.
② 화폐가치는 떨어진다.
③ 물가는 계속 오른다.
④ 월급은 물가보다 덜 오른다.
⑤ 같은 돈으로 살 수 있는 것들이 줄어든다.
⑥ 현금을 가만히 두면 매년 최소 2%(소비자물가지수 목표) 손실이 난다.

여기서 마지막 6번에 주목할 필요가 있다. 월급을 가만히 두면 우리는 매년 2%의 손실이 난다. 억울하다. 부모님 말씀을 잘 들었을 뿐인데 돈을 잃고 있었다. 인플레이션을 이기기 위해서는 인플레이션을 올라타야 한다. 인플레이션 헤지를 해야 한다는 뜻이다. 인플레이션 헤지란 '화폐가치 하락으로 손실을 막기 위해 투자하는 것'을 말한다. 부동산 같은 자산을 들고 있으면 화폐가치가 하락할수록 가격은 올라가는 현상을 이용하는 것이다. 소중한 월급을 지키기 위해서는 반드시 투자가 필요하다.

인플레이션 헤지 종류

① 부동산
② 금
③ 채권
④ 주식

수익률을 올릴 수 있다면 인플레이션 헤지라고 불러도 좋다.

---

3. 하락장에도 부동산은 계속 오른다

물가 상승에 집값도 포함되지만, 집을 짓는 원자재도 피할 수 없다. 최근 몇 년간 시멘트값이 30% 이상 증가했다. 인플레이션 원리로 물가 상승은 당연하지만, 원자재가격 상승 속도가 엄청 가파르다. 그렇다면 아파트를 짓는 데 필요한 원자재가 오르면 어떻게 될까? 신축 아파트의 분양가격이 오른다. 부동산 R114에 따르면 2023년 기준, 전국 아파트 평당 평균 분양가격은 1,753만 원으로 집계됐다. 분양 시장 침체에도 아랑곳없이 지난해 평균 분양가격(1,521만 원)보다 15.3%(232만 원) 급등했다.

하락장에도 원자재가격은 계속 올라가고 있다. 신축 아파트 분양가격이 꾸준히 상승할 수밖에 없는 상황이다. 원자재 안에 포함된 모든 것이 오르기 때문이다. 인건비도 마찬가지다. 비싸게 분양한 신축 아파트가 입주하면 인근 아파트의 가격 상승을 부른다. 이것을 '키 맞추기'라고 부른다. 재건축, 재개발되는 지역은 쾌적한 환경과 인프라가 형성되어 살기 좋은 곳이 된다. 살기 좋은 곳은 수요를 부른다. 생활 반경이 비슷한 인근 아파트들은 살기 좋아지고, 새 아파트 대비 저렴한 가격대로 수요가 증가해 '키 맞추기'로 가격이 자연스럽게 상승하는 현상을 보인다.

'키 맞추기 현상'의 원인은 인플레이션에서도 발견된다. 디플레이션이 발생할 때 싸게 살 수 있다는 기대로 소비는 위축된다. 인플레이션은 정반대다. 소비 자극을 부른다. 작년에 분양한 아파트보다 내년에 분양하는 아파트 가격이 비싸지기 때문이다. 신축 아파트 분양가격이 상승할 것이라는 불안심리가 구매 욕구를 부르게 된다. 계속 비싸지는 신축 아파트 때문에 인근 준신축 아파트들이 저렴해 보인다. 신축 아파트 가격의 부담 덕분(?)에 준신축의 수요는 증가하게 된다.

2022년 3월 2일에 한국투자증권 '건설사 원가구조 분석 리포트'에 따르면, 건설사 매출원가에서 재료비 노출도는 30% 내외라고 발표됐다. 자재 매입단가에 비해 자재 매입량이 중요해 자재비 걱정을 잠시 놓아둘 시기라고 말해준다. 2022년에는 기초 공사 현장이 많아서 자재비 부담이 덜하다는 뜻이다. 하지만 골조 자재 중심으로 발표된 리포트로 기초 공사가 끝난 뒤 골조가 올라가면 자재비 부담이 커지는 것은 생략됐다. 또 페인트, 유리, 가구, 인건비 등 다른 요소는 생략되어 있어서 분양가격에 영향을 줄 것이 분명해 보인다. 결론적으로 신축 아파트 분양가격은 매년 상승할 것이다.

주택보급률이 100% 넘어도
아파트 가격이 오르는 이유가 있다

통계청에 따르면 우리나라 전국 주택보급률은 이미 2008년부터 100%를 넘어섰다. 2021년 기준, 주택보급률이 높은 도시는 경북 113.7%, 낮은 도시는 서울 94.2%다. 통계만 보면 우리 모두 지금 당장이라도 내 집이 분명히 있어야 하는데 그렇지 않다. 주변만 둘러봐도 자가 거주하는 사람이 잘 없다. 주택보급률이 100%라고 해도 '한 가구당 1주택을 가진다'라는 배분 배율이 아니기 때문이다. 1인 가구가 두 채에서 많으면, 백 채 이상 가질 수 있다는 뜻이다. 통계청 '2021년 주택소유통계 보도자료'만 봐도 2건 이상 주택 소유자 인구는 지역별 평균 15% 가까이 된다.

1. 10가구 중 4가구는 아직 내 집이 없다

행정구역별 점유 형태만 봐도 2021년 통계청 기준, 자가 거주 57.3%, 임차 39.0%, 무임 3.7%로, 자가에 '거주'하는 가구는 주택보급률에 비해 많지 않다. 10가구 중 4가구가 내 집이 없다. 최근 집값이 많이 상승해서 이런 현상이 발생할까? 지역마다 차이는 있지만 전국 통계 기준, 자가 거주 비율이 60% 이상 넘은 적은 한 번도 없었다. 부동산 하락장, 상승장과 관계없이 전체 절반 가구는 집값이 비싸거나 여러 가지 사유로 부동산을 구매하지 않고 있다. 이렇게 집값이 내려도 집이 없는 사람은 늘 존재했다.

2021년 소득계층별 점유 형태를 보자. 고소득층 74.6%, 중소득층 61.9%, 저소득층 44.8%로 갈수록 자가 거주 비율이 감소한다. 거주 주택 유형을 봐도 마찬가지다. 전국 아파트 거주 비율은 고소득층 76%, 중소득층 58.2%, 저소득층 33.5%로 고소득층으로 갈수록 아파트 거주 비율이 높게 나타난다(이하 통계청). 돈이 있다면 대부분 '아파트를 살고 싶어 한다'라는 뜻이다. 이 중 저소득층은 아파트보다 저렴한 단독주택, 다세대주택에 많이 거주하고 있다.

세대 구성에 따라 아파트 거주 비율은 약 1세대 가구 53.1%, 2세대 가구 66.8%, 3세대 가구는 56.1%다(이하 통계청). 세대 단위로 봐도 아파트 거주 비율은 절반 정도다. 아파트를 거주하더라도 세입자로 거주하는 가구도 있다. 자녀가 성장할수록, 자녀를 출산할수록 더 넓은 평수가 요구된다. 시간이 지나 자녀가 독립한다면 1가구에서 최소 집 두 채가 필요하게 된다. 이래서 전국에 미분양 아파트가 많더라도 내 집 마련이 쉽지 않다. '가구별 상황'에 맞는 집을 찾기가 어렵기 때문이다.

주택보급률이 100% 넘지만, 몇 가지 통계만 봐도 우리는 남들과 다르게 접근해볼 수 있었다. 절반 가까이 되는 가구가 아직 집이 없는 것이다. 즉 가구 절반은 '잠재 수요가 될 수 있다'로 해석된다. 자가 거주하고 있는 사람은 더 넓은 집과 좋은 집으로 이사를 할 수도 있다. 2주택자, 다주택자가 될 수도 있다. 소득이 높을수록 아파트 거주가 높다는 것은 거주형 부동산 중 아파트가 선호도가 역시 높다는 것이다. 중소득층, 저소득층도 아파트에 살고 싶다는 뜻이다. 즉 아파트 수요는 언제나 존재한다.

2. 1인 가구 증가와 1인당 주거면적 증가

2020년 1인당 평균 주거면적은 33.9㎡로 2010년 28.5㎡에서 약 19% 증가했다. 1인당 주거면적이란 국토교통부에서 발표하는 개별 가구의 주택 사용면적을 개별 가구원수로 나눈 값의 평균값이다. 평균 주거면적은 1인당 적당한 주택에서 살고 있는지 주거의 질을 측정할 수 있다. 국가지표체계에서 평균 주거면적을 보면 주거면적의 꾸준한 증가에도 불구하고, 우리나라는 선진국들에 비해 1인당 주거면적이 작은 편이다. 우리나라(33.9㎡, 2021년 기준)의 1인당 주거면적은 미국(65.0㎡, 2021년 기준)의 절반에 불과하고, 일본(40.2㎡, 2018년 기준)이나 영국(42.2㎡, 2021년 기준)보다도 적다(출처 : 국토교통부).

자료 1-4. 1인당 주거면적

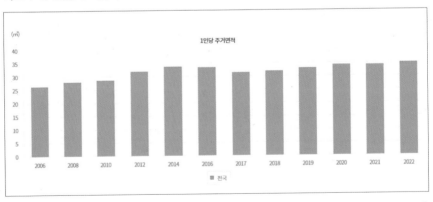

출처 : 국토교통부, 〈주거실태조사〉

평균 주거면적(33.9㎡)은 평수로 환산 시 10평 정도다. 서울은 10평보다 작은 27.2㎡(8.2평)으로 가장 좁다. 자가 비율도 43.5%로 전국 최저다. 당연한 결과다. 자가 거주 비율과 주거면적은 집값이 비쌀수록 낮았다. 1인 가구는 다른 가구보다 좁은 집에서 거주하고 있을 것이다. 좁은 원룸에 살다 보면 지금 사는 집보다 조금 더 넓으면 좋다는 생각을 가지게 된다. 나도 학창 시절에 원룸에서 잠시 자취를 한 적이 있다. 독립만 할 수 있다면 어디든 살 수 있다는 자신감이 넘쳤다.

하지만 그것도 잠시 원룸보다 투룸에 살고 싶었다. 오피스텔이었다면 소형 아파트를, 소형 아파트였다면 방 1개가 더 있는 집을 원했을 것이다. 이것이 인간의 본능이다. 1인 가구의 집에 대한 욕구는 코로나 이후 더 증가했다. 사회적 거리 두기가 장기화하면서 집 안에서 즐기는 문화가 증가했다. 거주 공간만이 아닌 취미를 즐기는 공간으로 카페, 헬스장, 식당 등 다양한 공간을 만들고 있다. 1인 가구의 변화하는 라이프 스타일 덕분에 홈퍼니싱 시장까지 성장한 모습이다. 통계청에 따르면 2008년 7조 원대에서 2023년에는 18조 원으로 성장할 것으로 예상된다.

인간은 현재에 만족하기보다 '지금보다 더'를 추구한다. 서 있으면 앉고 싶다. 앉으면 눕고 싶다. 누우면 자고 싶다. 코로나로 인한 '홈코노미' 문화로 인해 내 집 마련에 대한 욕망이 늘어나고 있다. 밖에서 즐기는 문화를 집에서 즐기고 싶어 하는 라이프 스타일의 변화가 생겼다. 그에 따라 더 좋은 집에 대한 욕구, 더 넓은 집에 대한 욕구가 생겼다. 결국 아파트에 대한 욕구는 이처럼 절대로 줄어들지 않을 것이다. 우리는 주거 개념이 변화하는 시점에 주택보급률이 과연 100%인지 다시 생각할 필요가 있다.

1평은 3.3058㎡다. 곧 1㎡=0.0325평이 된다. 소수점이 나오기 때문에 바로 환산하기 어렵다.

그럴 때 간단하게 환산하는 방법이 있다.

① ㎡를 반올림한다.
② 뒷자리를 제거한다.
③ 곱하기 3을 한다.

아래 예시를 보자.

㎡	뒷자리 반올림	평(실제 평)
58㎡	6	18평(17.5평)
80㎡	8	24평(24.2평)
98㎡	10	30평(29.6평)
108㎡	11	33평(32.6평)
145㎡	15	45평(43.8평)

단 1~2평 정도의 오차가 생긴다. 간단하게 평수를 확인할 때 이용하는 계산법으로 정확한 평수는 계산기를 이용한다.

3. 결국 내가 원하는 집이 필요하다

주택보급률이 아닌 다른 지표가 하나 더 있다. 인구 1,000명당 주택 수다. 말 그대로 인구 대비 주택 호수를 나타내는 지표로써 주택의 수급과 재고 상태를 보여준다. 국가지표체계에서는 '한국의 주택 상황은 지속적인 공급으로 만성적인 부족 상태를 거의 벗어났다'라고 말한다. 1995년 1,000명당 주택 수는 전국 214.5호에 불과했다. 1,000명당 214주택이 있다는 뜻으로 상당히 부족했다. 2005년부터 전국 주택 수가 급격히 증가했는데, 이유는 다주택 가구를 그전까지 1호로 계산했기 때문이다. 2021년 기준 423.6호로 많이 증가했다.

꾸준히 공급했지만, 선진국 대비 아직 주택 수는 부족하다. 2019년 기준 미국 425호, 영국 434호. 일본은 2018년 기준 494호로 주요 선진국들의 인구 1,000명당 주택 수는 우리보다 많다. **다주택 가구를 포함했음에도 주택 수가 부족하다는 것은 양질의 주택 수가 부족한 상황인 것이다.** 앞서 423.6호를 전부 아파트라고 가정하더라도 부족하다. 숫자로 계산해보면 1,000명/423.6호=2.3명/호로 계산된다. 한 가구당 2.3명이 거주해야 모두 공평하게 살 수 있다. 이것이 불가능한 이유 중 하나는 역시 1인 가구의 증가로 볼 수 있다.

1인 가구는 전체 가구수 중 약 30% 이상을 차지한다. 1,000명당 300명 이상이 1인 가구라는 말이다. 1인 가구에만 필요한 주택 수는 최소 300호 이상이다. 2인 가구까지 포함하면 전체 가구 60%가 1~2인 가구에 해당한다. 1~2인 가구만 생각해도 부족한 수치다. 그것뿐만이 아니다. 집을 고르는 기준이 전부 다르다. 직주 근접이 좋은 집, 교통이 좋은 집, 자녀 교육을 위한 학군이 좋은 집, 산과 강이 있는 자연경관이 좋은 집 등 집을 선정할 때 다양한 요소가 존재한다.

한 아파트를 같이 보더라도 똑같이 바라볼 수 없는 이유다. 자녀가 없는 1인 가구는 학군보다는 직주 근접과 교통편을 택할 것이다. 자녀가 있다면 직장이 조금 멀더라도 학군이 좋은 집을 선택할 수도 있다.

이처럼 모두가 원하는 집을 공급하기 쉽지 않다. 423.6호는 모든 주택이 좋은 조건을 만족할 수 없기 때문이다. 전부 새 집도 아니다. 누수가 된 집, 벌레가 나오는 집, 층고가 낮아 방범에 취약한 집, 향이 좋지 않아 매일 춥거나 더운 집, 수압이 약한 집, 층간 소음이 심한 집 등 단점이 존재하는 집도 포함하고 있다. 이런 집에 누가 살고 싶어서 살까? 아마 사회초년생이나 금전적인 이유로 사는 사람이 대부분일 것이다. 결국 내가 원하는 집은 항상 부족하다. 내 눈에 좋은 집을 발견하면 남의 눈에도 좋아 보일 확률이 높다. 그런 집은 역시 비싸서 구매하기가 쉽지 않다.

2장

아파트 왕초보,
첫 시작을 어떻게
해야 할까?

직장인이 부자가 되려면
부동산 공부가 꼭 필요하다

2023년 6월 11일 〈YTN〉 기사에 따르면, 직장인 10명 중 1명은 '의지와 무관한 실직 경험'을 한다고 한다. 시민단체 직장갑질119가 사무금융우분투재단과 함께 여론조사 전문기관 엠브레인퍼블릭에 의뢰해 조사한 결과, 직장인 1,000명 중 13.7%가 2022년 1월 이후 의지와 무관하게 실직한 적이 있다고 답했다고 한다. 실직 사유로는 '계약 기간 만료'가 약 29%로 가장 많았고, 25%는 권고사직이나 정리해고로, 23% 정도는 비자발적 해고로 나타났다.

미래 노동 시장은 안녕하지 못하다. 위와 같이 10명 중 1명은 실직을 경험한다. 힘들게 취업해도 회사가 나를 지켜준다는 보장이 없다. 노후를 즐겨야 할 60대 퇴직자들이 다시 취업한다. 인공지능이 인간을 대체한다. AI로 인한 실직은 이미 시작했다. AI가 급속도로 진화해 인간들과 어색함 없이 고임금 근로자들을 대체할 수 있다고 뉴스에 나온다. 열심히 일하고 온 당신에게 스스로 물어보자. 내일 출근할 회사와 나의 직업은 앞으로도 존재할 것이라고 장담할 수 있는가?

1. 돈이 좋은 것은 속물이 아니다

직장인은 반드시 재테크가 필요하다. 우리 월급만 봐도 그렇다. 인플레이션으로 인한 물가 상승만 봐도 그렇다. 돈은 우리를 평생 괴롭힌다. 돈이 이렇게 소중한데, 돈을 좋아하면 속물이라는 소리를 듣는다. 돈보다는 건강이 최고라고 말한다. 남들이 열심히 일하고 노력할 때 가만 있는다면, 신체적으로는 건강할 수는 있겠다. 그러면 돈이 없다면 내가 쉴 수 있는 집을 살 수 있는가? 휴대전화를 사용할 수 있는가? 건강이 우선이라면 운동화를 살 수 있는가? 돈이 없다면 어떻게 살 수 있는가? 자본주의 사회에서 돈이 없으면 병원을 못 가서 건강을 잃을 수도 있다.

2021년 6월 2일 〈코메디닷컴〉의 '금전적 스트레스, 향후 신체 통증으로 발현(연구)' 기사에 따르면, 자금난으로 인한 스트레스가 수십 년 후 신체 통증으로 나타날 수 있다는 연구 결과가 나왔다. 통증은 물리적인 부상이나 질병에 의해서만 발생하는 게 아니다. 불안, 우울, 스트레스 등도 만성적인 통증을 일으키는 데 영향을 미친다. 미국 조지아 대학교와 서던캘리포니아 대학교 공동 연구팀이 금전적 스트레스와 같은 사회적 요인이 통증에 만성적으로 미치는 영향을 확인한 연구를 국제학술지 '스트레스와 건강(Stress & Health)'에 발표한 결과다. 연구 결과, 재정적 스트레스 수치가 증가할수록 그에 상응해 삶에 대한 통제력 수치는 감소했고, 신체 질병과 통증에 대한 통제력 수치 역시 줄어들었다. 연구팀은 삶에 대한 통제력을 상실하면, 건강한 선택을 내리기 어렵기 때문에 통증을 더 많이 경험하는 것으로 보인다고 해석했다. 운동에 시간을 할애하기 어렵고, 건강한 음식보다는 값싼 정크푸드를 선택하게 되고, 강도 높은 업무를 하게 되는 등 건강과 거리가 있는 생활을 하게 된다는 것이다.

연구 결과를 봐도 돈 없는 건강은 없다. 나는 자본주의에서 돈이라는 것은 '전부(All)'라고 생각한다. 돈이 없으면 내가 소유하고 누릴 수 있는 자유는 줄어든다. 남의 직장 밑에서 통제받으며 살아가야 한다. 노후까지 준비 못 한다면 정년퇴직 후 다시 취업해야 한다. 건강까지 잃는다. 잃은 건강은 돈이 없으면 병원에서 치료받을 수도 없다. 극단적으로 들린다면 현실은 더 극단적이다. 건강이 그렇게 중요하고 우선이라면, 지금부터 우리는 돈을 정말 사랑해야 한다.

"매일 아침 일어니 "나는 오늘 내가 원하는 것은 뭐든 할 수 있어"라고 말할 수 있다고 상상해보라. 오직 부를 가진 사람만이 할 수 있는 말이다. 부가 우리에게 주는 최고의 선물이 바로 이런 것이다."

모건 하우절(Morgan Housel)의 《돈의 심리학》에 나온 구절이다. 원하는 것을 뭐든 할 수 있다는 것은 무엇일까? 바로 통제 없는 '자유'다. 우리는 돈을 위해 부동산, 주식에 투자하는 것이 아닌, 자유를 얻기 위해 투자해야 하는 것을 절대 잊어서는 안 된다. 이것을 우리는 '경제적 자유'라 읽고, '시간적 자유'라고 부르도록 하자.

2. 부동산 공부는 반드시 해야 한다

주식, 채권, 부동산, 상품 투자, 펀드, 금 등 수많은 재테크가 있다. 재테크의 중요성은 경제 도서에도 반드시 나오고, 전문가들도 항상 강조한다. 말하면 입이 아플 지경이다. 중요한 것은 근무 환경, 나이, 성별, 재정적 상태, 연봉, 직장 유무, 근무지, 거주지, 결혼 여부 등 다양한 요소에 따라 어떤 투자가 나와 적합

한지 재테크 내용이 달라진다. 따라서 반드시 부동산을 투자하라고 권하지 않는다. 어떤 종류를 얼마나, 어떻게 투자하는 것은 온전히 개인의 판단에 맡기겠다. 아마 다른 투자를 하더라도 지금까지 이 책을 읽고 있다면, 부동산 공부는 꼭 필요하다는 것은 스스로 잘 알게 됐을 것이다.

당신이 대한민국의 국민이라면 부동산 투자를 하지 않더라도 '부동산 공부'는 반드시 해야 한다. 부동산 시장은 GDP의 상당 부분을 차지하고 있다. 그만큼 한국 경제에서 부동산의 영향력은 상당하다. 정치적으로도 이용된다. 부동산을 공부하면 한국 경제도 공부하게 되는 것이다. **당신이 하락론자라도 공부하라. 아파트가 영원히 하락한다는 이유를 찾아서 소중한 월급을 더 좋은 곳에 투자하라.** 그리고 하락론자가 잊지 말아야 할 것이 있다. 부동산 하락에 베팅한다는 것은 당신은 월세 또는 전세로 살아간다는 것이다. 내 집 마련이 아닌 임차 방식으로 거주하는 것이 타당한지 깊이 생각하라. 당신이 세입자가 되는 순간, 당신의 월급으로 누군가의 배를 채워줄 수도 있다.

매매, 임차 중 한 번이라도 거래를 한 적이 없다면 두말할 필요 없다. 매매하고 싶다면 좋은 아파트를 찾고, 좋은 가격대와 매수 타이밍이 맞는지도 알아야 한다. 우리는 이번 하락기를 통해 아무리 좋은 아파트라도 매수 시기가 더 중요하다는 것을 깨달았다. 노력하면 같은 아파트라도 누군가는 1억 원 비싸게 사거나 싸게 살 수 있다는 뜻이다. 아파트사이클연구소 이현철 소장은 유튜브에서 "상승기에는 개집도 오른다. 하락기에는 강남도 내려간다"라고 말하기까지 했다. 어쩌면 부동산은 집을 사는 것이 아니라 시기를 사는 것일지도 모르겠다.

지인들에게 부동산을 공부하라고 권유하지만, 돌아오는 대답은 항상 같다.

"부동산은 끝났어! 나중에 경기가 좋아질 때까지 기다릴래."

"돈도 부족한데 무슨 집이야?"

"대출이 무섭다."

"먹고살기도 바쁘다."

다들 본인의 상황을 너무 잘 알고 있다. 잘 알면서 공부해야 하는 것은 모른다. 집을 당장 사라는 것도 아닌데 귀찮고 힘드니까 시선을 돌리기 위해 합리화하는 것이다. 당신의 주변도 같은 반응인가? 그렇다면 아직 기회가 있다는 증거다. 지금부터라도 아무도 가지 않는 길을 걸어가라. 그들 덕분에 자본주의의 잔인함을 빨리 깨달은 나 자신에게 감사함을 느낀다.

3. 그냥 살면 그냥 살게 된다

2020년에 발표한 통계청의 '2020년 국민이전계정'에 따르면, 경제적 생애주기는 '개인이 현재 노동을 통해 소비를 충족할 수 있는지를 보여주는 것으로 소비, 노동소득 및 그 차액인 생애주기적자로 구성한 것'을 뜻한다. 1인 한국인 생애주기를 보면 27세부터 흑자에 진입한다. 소비보다 노동소득이 더 크다는 뜻이다. 연령이 많아질수록 흑자가 증가하면서 43세에 1,726만 원으로 최대 흑자를 찍고 하락을 그린다. 61세부터는 적자 상태에 재진입한다.

당신의 흑자 기간은 얼마나 남았는가? 남들은 흑자 기간이라서 열심히 돈을 모으고 있는데, 혹시 어떤 이유로 적자가 나고 있는가? 흑자 기간이라서 얼마나 많은 자산을 모았는가? 아무 대답도 할 수 없다면 우리는 그냥 살아서는 안 된다. 그냥 살면 그냥 사는 인생이 된다. 그냥 사는 인생도 사치가 될 수 있다. 현재 자녀가 있다면 나의 월급으로 자녀가 27세가 될 때까지의 적자도 준비해야 한다. 늦게 결혼했다면 노년기에 겪는 나의 적자 시기와 겹칠 수도 있다.

소비도 함께 보면 1인당 소비는 16세에서 3,370만 원으로 최대 소비를 한다. 통계청 기준, 전국 평균 첫째 아이의 출산 나이는 약 32.6세로, 첫째 아이가 최대 소비를 할 때 부모의 나이는 약 48세로 계산된다. 이미 최대 흑자를 찍고 하락할 때다. 소득이 많은 시기에 소비가 많은 시기와 겹칠 경우가 높다는 뜻으로 해석된다. 그러면 나이가 들어 나의 의료비, 집값은 누가 책임져줄 것인가? 노력하지 않으면 그대로 자녀에게 대물림 된다. 가난도 유전이라는 말이 틀린 말이 아니게 된다. 내가 가난을 끊어내지 못하면 계속해서 대물림 될 것이다.

나폴레옹(Napoléon)은 '전쟁의 천재'에 대해서 말하길 "주변 사람들이 모두 미쳐갈 때 평범한 것을 할 수 있는 사람"이라고 말했다. 나는 자본주의가 전쟁이라면, 나폴레옹의 말에 반대하고 싶다. 자본주의에서 천재는 '주변 사람들이 모두 평범할 때 미칠 수 있는 사람'이라고 생각한다. 주변을 둘러봐도, SNS를 봐도, 현대인들은 과시의 세상에 살아가고 있다. 눈에 보이는 것들이 부인지 알고 있다. 사실 부러울 때가 더 많다. 하지만 나는 부가 어떤 것인지 잘 알고 있다. 바로 자본주의에서 나와 가족을 지키는 힘이다.

자료 2-1. 1인당 생애주기 적자

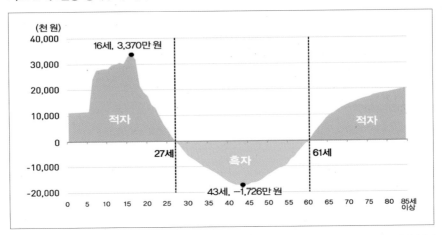

출처 : 2020년 국민이전계정

부동산 공부를 처음 할 때
시작해야 할 것 : 독서, 강의, 모임

"부동산 초보입니다. 초보자가 읽기 좋은 책을 추천 부탁드립니다."

매주 부동산 카페, 경제 SNS에서 나오는 단골 질문이다. '추천해주면 정말 읽을 사람은 몇 사람이 될까?'라는 생각이 먼저 든다. 나도 그랬다. 문화체육관광부에서 발표한 '2021년 국민 독서실태 조사라는 보고서'에 따르면, 성인 전체 평균 독서량이 연 4.5권이 된다. 2019년 대비 3권이 감소했다. 독서량은 매년

자료 2-2. 연간 독서량 비교(성인)　　　　　　　　　　　　　　　(단위 : 권)

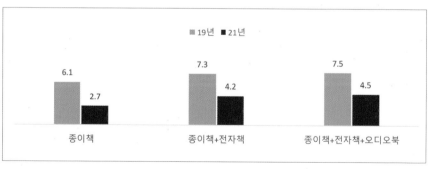

출처 : 2021년 국민 독서실태 조사

감소하고 있다. 현대인은 거의 책을 읽지 않는다. 필요성을 못 느끼기 때문이다. 앞의 자료 2-2를 보면, 매체별로 연간 독서량이 계속 줄어드는 것을 아울러 볼 수 있다. 그런데 이 시점에서 독서의 중요성보다 부동산 투자를 하고 싶은데, 왜 독서를 자꾸 하라고만 할까?

1. 부동산으로 성공하려면 반드시 독서해야 한다

2020년 출판한 안데르스 한센(Anders Hansen)의 《인스타 브레인》에서 1만 개의 점이 찍혀 있는 페이지가 있다. 1만 개의 점을 저자는 다음과 같이 설명했다.

방금 넘긴 페이지에는 1만 개의 점이 찍혀 있다. 점 하나가 20만 년 전에 동아프리카에서 인류가 탄생한 이후로 인류의 한 세대에 해당한다고 가정하자. 따라서 모든 점은 인류의 역사를 대변한다. 그럼, 이 점 중에서 자동차, 전기, 깨끗한 물, TV가 있는 세상에서 산 인류 세대는 얼마나 될까?
⋯⋯(점 8개)

이 책은 "우리는 오늘날 세계에 맞게 진화하지 못했다"라는 이야기와 함께 휴대전화와 SNS의 위험성을 다룬 책이다. 책 내용에 따르면 "우리 뇌는 아직 과거 선조가 살던 시대에 머물러 있고, 진화하지 못했다"라고 한다. 우리 뇌는 아직 현대 산업화에 적응하지 못하고 있다. 너무 빠른 산업화로 뇌가 따라오지 못한 것이다. 뇌는 그대로인데 빠른 발전 덕분에 인간이 일하지 않아도 되는 시대까지 왔다. 어떻게 8개 점만으로 인류가 빨리 발전할 수 있었을까? 바로 '글씨와 책' 덕분이다. 부동산 투자와 관계없는 뜬금없는 이야기를 잠시 해보겠다.

책이 없던 과거로 돌아가 보자. A마을에 농사를 잘하는 노인이 있다. 어느 날 노인이 병으로 죽게 되자 수확량이 반토막 났다. 이유는 무엇일까? 노인이 죽으니 노인의 지혜가 함께 사라졌기 때문이다. 게임과 달리 삶은 '저장' 능력이 없다. 반면 게임은 어떤가? 게임에서 캐릭터가 독버섯을 먹고 죽게 되면 다시 시작하면 된다. 독버섯을 먹지 않으면 계속 나아갈 수 있다. 하지만 현실은 달랐다. 유능한 농부가 죽게 되니 비법이 하루아침에 사라져 마을 전체가 굶어 죽을 위기에 놓이게 됐다.

반면 B마을은 A마을과 다르게 책과 글씨가 있었다. B마을에도 농사를 잘하는 노인이 있었다. 노인은 매일 농사일지를 기록했다. '물을 얼마나 줬는지'까지 상세히 적었다. 어느 날 그 노인도 죽었다. B마을은 어떻게 됐을까? 수확량은 변하지 않았다. B마을은 농사일지를 계속 적어갔다. 덕분에 지식과 수확량이 함께 증가하게 됐다. 노인의 인생이 축적된 것이다. 지식 전파가 가능한 순간부터 인류가 8개 점만으로 빠르게 발전했다. 책으로 지식이 승계되고, 모든 것이 발전된 것이다. 책 하나로 뭐든지 배울 수 있는 시대가 왔다. 마음만 먹으면 내가 아파트도 지을 수도 있다. 책 하나로 아파트를 건설하는 방법을 배울 수 있기 때문이다.

뇌가 진화하지 못한 만큼 우리는 아직 자본주의에 성숙하지 못하다. 자본주의와 부동산을 잘 모르는 게 당연하다. 학교에서도 가르쳐 주지 않았다. 부자가 되는 법도 가르쳐 주지도 않는다. 책 말고는 가르쳐 주지 않는다. 자본주의를 빨리 깨달을수록 부자가 될 확률이 높다. 부동산도 똑같다. 반드시 독서부터 시작하자. 부동산 전문가가 쓴 책에는 성공과 실패에 대한 경험이 전부 담겨 있다. 단돈 몇만 원으로 저자의 성공 사례를 배우게 되는 것이다. 게임 속 캐릭터가 '독버섯'을 먹고 죽은 것은 그것이 독버섯인지 몰랐기 때문이다. 독서를 하면 전문가의 실패 사례 덕분에 우리는 아파트 '독버섯'을 먹지 않아도 된다.

2. 50%가 될 수 없다면 이 책을 덮어도 좋다

독서를 전혀 하지 않는 성인(52.5%)의 책 읽기를 어렵게 하는 요인은 '일 때문에 시간이 없어서(26.5%)', '책 이외의 매체/콘텐츠 이용(26.2%)'이 가장 큰 이유 중 하나다. 따라서 부자가 되기 위한 첫 번째 할 일은 독서를 하는 47.5%에 들어가는 것이다. 시작이 반이다. 독서를 시작만 해도 대한민국에서 독서하는 성인의 50% 안에 들어오게 된다. 일, SNS, 게임 때문에 부자를 포기하기에는 너무 아깝지 않은가? 당신은 대한민국 성인 몇 %에 속하는가? 설마 반도 안 되면서 돈은 벌고 싶은가?

자료 2–3. 독서 장애 요인   (단위 : %)

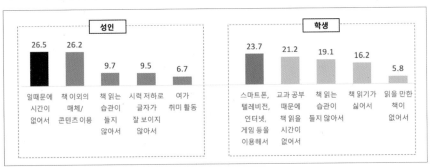

출처 : 2021년 국민 독서실태 조사

책을 읽으면 당연히 똑똑해지고 아는 것이 많아진다. "성공하고 싶어요? 책 읽으세요!" 가장 번한 말 중 하나다. 대한민국 국민 모두가 알 정도다. 알더라도 나는 이 책 전체를 통해 독서의 중요성을 강조하고 싶다. 아마 그렇게 책을 쓰더라도 10명 중 1명만 책을 읽을 것이다. 아니 100명 중 1명도 많다고 생각한다. 출퇴근 동안 지하철과 버스에서 독서하는 사람을 보기 정말 어렵다. 나는 대중교통을 이용하면서 독서를 하는 사람을 우스갯소리로 '천연기념물'이라고 부른다. 그런 사람을 보게 되면 솔직히 반갑지 않다. 오히려 걱정된다. '내가 투자할 부동산을 뺏기면 어쩌지?'라는 생각에 더 열심히 독서하게 된다.

마찬가지로 이 책을 읽고 독서를 하는 사람이 늘어난다면 사실 엄청 기쁘지는 않다. 나의 경쟁자가 늘어나기 때문이다. 모순적이지만 자본주의는 냉정한 경쟁사회다. 직장에서 유능한 신입사원이 들어와 나의 입지를 뺏기는 것과 같은 맥락이다. 사실 필요 없는 걱정이다. '책의 중요성', '책 읽는 법' 등 출판된 독서 관련 도서는 이미 엄청나게 많다. 그런데도 성인 독서량은 줄어들고 있다. 10년이 지나도 100명 중 1명도 많을 것이다. 당신만은 꼭 1명에 들어오길 바란다. 자신 없다면 이 책을 덮어도 좋다.

부동산 책을 읽기로 마음먹었다면, 당신은 이제 100명 중 1명이다. 부동산 책을 추천해달라고 하지 말고, 1권, 10권이 아닌 '모조리 읽겠다'라는 마음으로 독서를 시작하자. 부동산 관련 책 중에서 동기부여와 마인드 개조를 위한 책들도 존재한다. 독서가 아직 힘든 부동산 초보자들에게 마인드 개조는 정말 중요하다. 익숙해질 때까지 독서를 하자. 독서량이 늘어나면 어느새 투자자의 마인드로 변하게 된다. 그때부터는 동기부여에 관한 내용은 지금처럼 정독할 필요가 없다. 저자만 알고 있는 투자 비법과 정보, 성공과 실패 사례에 더욱 집중하도록 한다. 부동산 투자가 게임이라면 '보물 찾는 법', '독버섯 구별법', '독버섯을 먹었다면 살아남는 법'을 찾으라는 뜻이다.

3. 독서하고 계속 부동산에 당신을 노출시키자

책을 10권 정도 읽게 되면 투자자의 마인드와 독서 습관이 점차 붙는다. 책으로 알게 된 지식이 다른 책과 중복되는 것을 발견하면서 보람과 재미도 느낀다. 여기까지 왔다면 독서하는 자신에게 스스로 많이 칭찬하자. 가장 어려운 단계를 통과한 것이기 때문이다. 독서에 재미가 붙었는가? 그렇다면 이제는 성장할 때가 왔다. 단순히 재미있자고 책을 읽는 것이 아니다. 배움이란 끝이 없다. 근육도 같은 중량으로 반복 운동을 하면 성장 없이 유지되는 것처럼 부동산 공부도 한층 높은 강도로 한 단계씩 성장시켜야 한다. 물론 독서는 부동산 투자를 그만두는 날까지 끊임없이 해야 한다.

독서와 함께하면 좋은 공부는 전문가들의 오프라인 강의와 온라인 유료 강의다. 요즘은 플랫폼과 재테크 전문 사이트에 수많은 유료 강의가 존재한다. 부동산 강의는 무료 강의부터 100만 원 상당의 값비싼 유료 강의도 존재한다. 개인적으로 저렴한 강의보다는 가격대가 있는 유료 강의를 추천한다. 이유는 비싼 만큼 비싼 값을 한다. 아파트도 비싼 아파트가 좋은 아파트다. 마찬가지로 강의도 가격대가 높은 강연이 내게 상당한 도움을 주었다. 하나의 팁은 강의를 선택할 때 책을 많이 집필한 작가의 강연을 듣는 것을 추천한다. 책을 많이 집필했다는 것은 전문가 중에서도 상당한 독서량과 그만큼의 내공을 가지고 있다는 뜻이다.

한 권의 책을 집필할 때 당연히 더 많겠지만, 최소 50권 이상의 책을 읽는다고 가정하자. 1권을 집필한 작가의 유료 강연을 들으면, 50권이 담긴 내공을 집에서 편하게 습득할 수 있다. 집필한 책이 많을수록 다방면으로 상당한 지식과 노하우가 있을 확률이 높다. 주의할 것은 아무리 유익한 강연을 듣더라도 독서가 밑바탕 되지 않는 상태라면, 수준 높은 노하우를 온전히 내 것으로 만들기에는 어려움을 느낄 수 있다. 부동산은 경제 공부와 같으니 인플레이션, 금리 등 경제 관련 도서도 섞어가면서 독서하는 것이 좋다.

부동산 공부는 네이버 부동산을 검색하고, 지도를 보며, 부동산 책만 보는 지루한 공부가 아니다. 유료 강의도 듣고 오프라인 강연도 참석하는 자기 모습을 보면 보람도 느끼고 즐겁다. 부동산 투자 모임에 참가하는 것도 좋은 방법의 하나다. 처음 부동산을 공부하면 '나만 열심히 사는 것' 같은 착각에 빠지게 된다. 투자 모임을 통해 20대에 벌써 부동산에 눈을 뜬 사람과 다주택자들을 만나면 느슨해진 마음을 잡는 데 도움을 준다. 대한민국 50% 성인이 일과 휴대전화로 바쁠 때 부동산과 독서로 새로운 삶을 살아가면서 부동산 공부가 아닌 '인생 공부'를 하고 있다는 것을 깨닫게 될 것이다.

월급쟁이의 가장 큰 위기는
위기가 없는 것이다

위기가 닥치거나 어떤 상황이 다가오는데도 가만히 있는다는 것은 야생에서 맹수에게 잡아먹히기 위해 들판에 가만히 서 있는 것과 다를 게 없다. 생각보다 많은 직장인이 매일같이 퇴근 후 SNS와 지인들과의 술자리로 미래에 닥칠 노후를 방치하고 있다. 위기는 아무도 모르게 조용히 우리를 갉아먹고 있으며, 보이지 않기 때문에 반드시 스스로 찾아야 한다. 남들과 다르게 위기를 깨닫게 되면 부자와의 격차를 줄일 수 있게 된다. 인간은 눈앞에 위기를 직면하면 살기 위해 저절로 움직이기 때문이다. 당신에게 현재 위기가 정말 없는가? 자본주의라는 맹수로부터 살기 위해 우리는 '뛰거나 혹은 죽거나(Run or Die)'를 선택해야 한다.

1. 아직도 연금이 나를 지켜준다고 생각하는가?

3월 20일은 세계행복의 날로, 유엔산하자문기구인 지속가능한발전법네트워크에서 매년 세계행복보고서가 발간된다. 매년 140여 개 국가의 1,000명을 대상으로 행복과 관련된 전화 설문조사를 실시해서 행복지수를 산출하고 발표한다. 한국의 행복 수준은 10점 만점 중 5.951점으로 137개국 중 57위다. 매년 행복 수준이 상승하고 있지만, 국회미래연구원, '세계행복보고서 10년의 결과' 분석에 따르면, '한국의 행복지수를 설명하는 지표 중 1인당 GDP와 기대수명은 비교적 우수하나 **삶을 선택할 자유**의 측면은 여전히 개선이 필요하며, 사회적 지지, 관용, 부패 인식 등의 측면에서도 개선이 필요한 것으로 나타났다'라고 말한다.

자료 2-4. 2023년 한국의 행복수준 및 비슷한 수준의 국가들

순위	국가		
49	브라질	6.125	95% i.c. for rank 34-61
50	엘살바도르	6.122	95% i.c. for rank 34-61
51	헝가리	6.041	95% i.c. for rank 38-66
52	아르헨티나	6.024	95% i.c. for rank 38-68
53	온두라스	6.023	95% i.c. for rank 36-68
54	우즈베키스탄	6.014	95% i.c. for rank 39-68
55	말레이시아*	6.012	95% i.c. for rank 38-68
56	포르투갈	5.968	95% i.c. for rank 40-68
57	**대한민국**	**5.951**	**95% i.c. for rank 42-68**
58	그리스	5.931	95% i.c. for rank 42-68
59	모리셔스	5.902	95% i.c. for rank 44-70
60	태국	5.843	95% i.c. for rank 45-75
61	몽골	5.840	95% i.c. for rank 48-74
62	키르기스스탄	5.825	95% i.c. for rank 49-74
63	몰도바	5.819	95% i.c. for rank 49-75
64	중국*	5.818	95% i.c. for rank 49-74

출처 : 2023 UN세계행복보고서

그런데 우리나라 행복지수에서 '1인당 GDP는 비교적 우수하다'라는 말이 다소 의아하다. 월급으로 집도 사기 어렵고, 물가가 비싸서 장보기도 부담스러운데 무슨 소리인지 모르겠다. 나를 비롯한 대다수 사람이 더 열심히 저축하지 못해서일까? 그러면 열심히 저축하면 노후에는 가난에서 탈출할 수 있을까? 2021년에 한국경제연구원에서 '한국, 고령화 속도 가장 빠른데 노인빈곤율은 이미 OECD 1위'라는 보도자료를 발표했다. 노인빈곤율이란 중위소득 50% 이하에 속한 인구 비율을 의미한다. 한국 노인은 현재 10명 중 4명이 소득이 부족한 상태다. 평생 일한 노인들도 가난에 시달리고 있다.

엎친 데 덮친 격으로 2023년 통계청에서 발표한 '2022년 인구동향조사 출생·사망 통계'에 따르면, 합계출산율은 0.78명으로 전년 대비 0.03명 감소해서 출산율 문제도 심각하다. 노인은 증가하고, 젊은이는 사라지는 이런 상황에서 여러분은 연금이 자신을 지켜준다는 생각을 아직도 하고 있는가? 기적적으로 출산율이 급격히 증가하거나 연금 정책이 크게 개선되어서 계획대로 연금을 받을 수 있더라도 나의 자녀는 물론, 온 가족이 상당한 세금에 엄청난 부담을 느낄 것이다. 이렇게 심각한 현실에도 위기가 보이지 않는다면, 얼마나 더 심각성을 느껴야 재테크 공부를 시작할까?

100세 인생에서 은퇴 후 노후는 인생의 절반을 차지한다. 이런 상황에서 연금과 저축이 나를 지켜줄 것이라는 생각은 너무 위험한 생각이다. 앞으로 노인인구가 늘어날수록 정치인들은 표를 얻기 위한 노인 복지 정책을 수없이 만들어낼 것이다. 정치인은 당선이 가장 우선이기 때문에 표를 많이 얻기 위해 그에 맞는 정책을 낼 수밖에 없다. 당신은 정책과 남 탓을 하며 시간을 보낼 것인가? 지금부터라도 '연금은 나를 지켜주지 않는다'라는 생각으로 반드시 노후 자금을 마련해야 한다.

2. 월급쟁이의 반복되는 삶을 깨야 하는 이유

2020년 5월 6일 〈디지틀조선일보〉의 '직장인 56.4% '현 직장에 만족'…대기업 만족도 가장 높아' 기사를 보면, 직장인 10명 중 6명은 현재 직장에 만족하는 것으로 조사됐다. 특히, 대기업 근무 직장인들의 만족도가 높은 것으로 나타났다. 그렇다면 기업별 만족도 현황과 현재 직장에 대한 만족, 불만족하는 이유는 무엇일까? 현재 직무에 불만족하는 이유로는 '직무에 대한 불투명한 비전 때문'이 21.2%로 가장 많았다. 이어 '대인관계에서 오는 스트레스 때문' 18.2%, '연봉이 낮아서' 18.1%, '잦은 야근 등 업무량이 많아서' 13.1%, '반복되는 업무가 지루해서' 12.8%, '적성 및 꿈과 다른 업무라서' 12.4% 등의 이유가 있었다.

또한 기사에 따르면, '오늘 직장에서 행복했나요?'라는 질문에 10명 중 6명이 '아니요'라는 대답이 나왔다. 불만족한 이유를 보면, 다양한 이유로 직장이 우리를 괴롭히고 있다. 직장인 익명 소통 플랫폼 블라인드에서도 한국 노동연구원과 함께 5만 명이 넘는 직장인들을 대상으로 '직장인 행복도'를 조사했다. 직장인이 회사에서 느끼는 주관적 행복도를 일, 관계, 사내 문화의 3가지 영역으로 나누어 측정했다. 우리나라 직장인 행복도는 100점 만점 중 40점으로 전년과 동일한 수준에 머물렀다. 당신은 만족감을 느끼고, 노후 준비에 문제가 없는 직장을 다니고 있는가? 다음 질문을 통해 스스로 대답해 보자.

① 물가에 맞게 월급이 따라가고 있는가?
② 현재 월급으로 내 집 마련 실현 계획이 있는가?
③ 현 직장이 나를 평생 지켜준다고 생각하는가?
④ 지금 당신은 저축을 잘하고 있는가?
⑤ 부자로 살고 싶지 않은가?
⑥ 지금처럼 살면 부자가 될 수 있는가?

대부분 '아니요'라는 대답부터 나올 것이다. 그만큼 자본주의에서 월급쟁이로 행복하기 힘들다. 하지만 행복한 월급쟁이도 존재하긴 한다. 블라인드에서 행복도가 가장 높은 1등 직장은 '구글 코리아'로 선정됐다. 자유로운 의견 제시에 부정적인 평가를 받지 않을 것이라 믿는 **'심리적 안정감'**을 비결로 뽑았다. **월급쟁이는 '자유'를 느낄 때 가장 큰 행복을 느낀다.** 인간은 통제 없는 자유를 느끼면 행복한 감정을 느낀다. 안타까운 현실은 대부분 월급쟁이는 월급까지 부족해 경제적으로도 자유롭지 않아 이중으로 자유 결핍을 느끼고 있다.

자료 2-5. 2022년 자살원인(동기)별 자살현황

출처 : 한국생명존중희망재단, 경찰청, 변사자통계

현실적으로 직장에서 '자유'를 찾기란 거의 불가능하다. 회식, 야근, 밀린 업무들이 월급쟁이를 평생 괴롭힌다. 당장이라도 그만두고 싶지만, 먹고살기 위해 우리는 매일 'Ctrl + C, Ctrl + V'를 누르며 내일도 출근해야 한다. 다음 날은? 5년 뒤는? 20년 뒤는? 사람은 노동을 위해 먹고사는 동물이 아니다. 나는 직장에서 자유를 찾을 수 없다는 것을 인정하고, 경제적으로 자유를 얻고자 부동산 투자를 시작했다. 부동산 투자는 복붙(!) 인생을 바꾸는 유일한 길이었다.

3. 불평등은 자본주의의 격차이며 노력의 결과물이다

프랑스 파리경제대학의 세계불평등연구소(WIL)는 '세계불평등보고서 2022'를 발표했다. 보고서에 의하면, 불평등은 코로나19 이후 더욱 심해졌다. 한국에서 성인의 평균 국민소득은 €33,000(한화 38,426,130원)로 부유한 서유럽의 수준에 가까운 수준이다.

자료 2-6. 불평등 전망

	Income		Wealth	
	Avg. Income (PPP €)	Share of total (%)	Avg. Wealth (PPP €)	Share of total (%)
Full population	33,000	100%	179,700	100%
Bottom 50%	10.600	16.0%	20,200	5.6%
Middle 40%	30,900	37.5%	161,100	35.9%
Top 10%	153,200	46.5%	1,051,300	58.5%
Top 1%	485,200	14.7%	4,571,400	25.4%
Top 10% to Bot. 50% Income gap			1 to 14	
Female labor share			32%	
GHG footprint			14.7 tCO2 / pers.	
Transparency index			10.5 / 20	

Interpretation: See glossary for definitions of concepts and indicators.
Sources and series: see wir2022.wid.world/methodology.

출처 : 프랑스 파리경제대학 세계불평등연구소(WIL),
'세계불평등보고서 2022'

그러나 소득은 비슷하지만, 불평등은 서양보다 더 높다는 결과를 보였다. 불평등의 심화는 1960년에서 1990년 사이 급속한 산업화와 경제화를 겪은 것을 원인으로 뽑았다. 그 결과 상위 10%의 소득 비율은 1990년 이후 35%에서 45%로 상승, 하위 50%는 21%에서 16%로 하락했다. 소득 격차는 2021년 기준 상위 10%는 전체 소득의 46.5%를 벌어오며, 하위 50%는 16%를 벌었다. 이 수치는 1인당 소득 격차가 14배를 넘는 수치다.

자료 2-7. 한국의 상위 10% 및 하위 50% 소득 점유율(1980~2021)

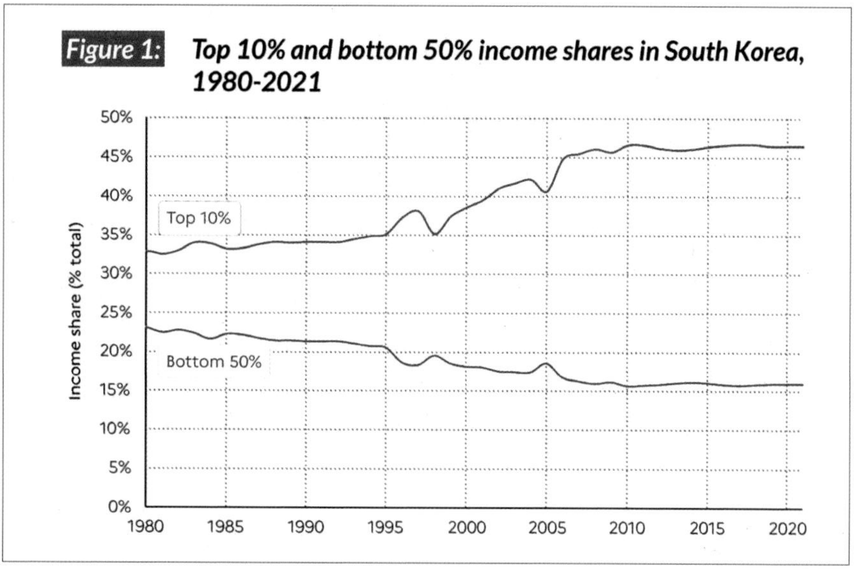

Figure 1: Top 10% and bottom 50% income shares in South Korea, 1980-2021

출처 : 프랑스 파리경제대학 세계불평등연구소(WIL), '세계불평등보고서 2022'

월급쟁이들의 점심만 봐도 불평등은 크게 나타난다. 누군가는 점심 한 끼 식사에 월급쟁이 한 달 용돈을 쓴다. 다른 이는 편의점 삼각김밥으로 점심을 해결하는 사람도 있다. 일반적으로 점심과 커피까지 사 먹으면 하루 최소 만 원 이상 쓴다. 직장 동료와 식사하기 때문에 비싸다고 거절하기도 어렵다. 이렇게 부담스러운 점심 지출 때문에 '런치플레이션'이라는 신조어가 생겨나는 현실이다.

옷, 여행도 마찬가지다. 자녀 교육, 주거 환경 등 모든 것이 양극화 현상이 일어나 수준을 맞춰 따라가는 월급쟁이는 요즘 참 힘들다.

그중에서도 가장 양극화가 벌어진 부분은 자녀 교육이다. 2022년에 출간한 《트렌드 코리아 2023》을 보면, '성적 최상위권(10% 이내) 학생은 사교육에 월평균 48만 5,000원을 지출한 반면, 최하위권(81~100%) 학생들은 27만 원을 지출했다. 또한 대도시에서는 학원비 지출이 증가했지만, 중소도시에서는 감소하는 양상을 보였다. 월 800만 원 이상의 고소득 가구 중 80% 이상이 사교육에 지출하고 있었으나 월 200만 원 미만의 가구는 사교육 참여 비율이 40%에 미치지 못했다'라고 되어 있다. 이는 교육 양극화에 미칠 파장에 대한 위험성을 말해준다.

격차 없는 평등을 원하는가? 양극화의 격차를 줄이고 싶은가? 방법은 딱 하나다. 부자와 같이 평등하게 노력하라. 자본주의의 생태계를 게으름으로 부정하지 말아라. 아직도 당신은 부동산 투자자들은 나쁜 사람이고, 자본가들로 인해 자신이 가난하다고 탓하고 있는가? 그들의 현재 모습은 당신들과 반대로 걸어갔던 외로움, 불안함, 끈기의 보상에 대한 결과물이다. 언제까지 로또만이 답이라고 냉소할 것인가? 쉽게 번 돈은 쉽게 달아나고, 욕심만 부리는 사람은 가난이라는 고통을 면하기 어렵다. 빈자가 되고자 하면 지금처럼 걸어가라. 양극화는 그렇게 만들어지며, 부자는 가만히 있어도 더욱 부자가 될 것이다.

월급쟁이는 절약이
재테크의 시작이자 절반이다

사실 내가 처음에 시작한 재테크는 코인과 주식이다. 한 번도 재테크를 공부하지 않은 상태에서 시작한 무지성 투자로 상당한 손해를 봤다. 첫 투자로 잃은 돈은 10만 원 정도로, '그 정도 돈은 술자리 한 번 안 가면 되지'라고 합리화했다. 하지만 여기서부터 뭔가 잘못되기 시작했다. 액수가 작든, 크든 합리화와 변명으로 손실이 익숙해지기 시작하니 손실 보는 액수가 점차 커졌다. 돈을 쉽고 빠르게 벌려고 할수록 돈도 나를 똑같이 대했다. 돈은 그렇게 쉽고 빠르게 내 곁에서 달아났다. 그렇게 나는 10만 원의 손실금이 불어나 몇천만 원의 손실을 보며, 남들보다 빠르게 취업했다는 이유로 구매한 수준 맞지 않은 외제 차만 달랑 남게 됐다.

1. 절약할 수만 있다면 전부 다 바꿨다

위치와 상황이 사람을 만든다는 말이 있다. 수준에 맞지 않은 외제 차는 신기하게 소비 습관을 악화시켰다. 좀 더 비싼 음식과 옷에 눈이 더 가게 됐다. 신용카드까지 사용하니 매달 얼마나 소비하는지 감도 잡지 못했다. 외제 차는 보험비도 훨씬 비쌌다. 월급은 신용카드값을 상환하고 남은 돈으로, 소위 말하는 '물타기'로 주식과 코인에 추가 매수를 하는 데 전부 썼다. 최악의 소비 습관 때문에 정상적으로 사람들을 만나기가 힘들었다. 약속을 잡을 때도 "돈 없다"라는 말이 습관처럼 나왔다. 친구들은 "대체 돈 벌어서 어디에 다 쓰냐?"라고 항상 물었다. 그 물음에 부끄러워 대답조차 할 수 없는 나 자신을 보고 이를 악물기 시작했다.

먼저 악순환의 고리를 끊어내기 위해 보유한 코인과 주식을 정리했다. 대부분 무지성으로 투자한 코인과 주식 종목들은 뒤늦은 분석을 통해 미래 전망이 좋지 않음을 알게 됐다. 가망성이 없음을 깨닫고, 마이너스가 70%가 넘는 상황에서 과감히 손절했다. 놀랍게도 슬프기보다 몇 년간 나를 고생시킨 종목을 손절하니 가슴속에 있는 하나의 고민을 해결하는 기분으로 오히려 마음이 편했다. 그날 이후로 나는 두 번 다시 아무리 좋은 투자처라도 스스로 공부하지 않은 곳에 베팅하지 않는 투자 마인드를 가지게 됐다.

두 번째, 신용카드와 작별 인사를 했다. "직장인은 비상시 신용카드 하나는 있어야 한다"라는 말에 첫 월급부터 신용카드를 사용했다. 신용카드는 당장 돈이 빠져나가지 않으니 소비를 중독시킨다. 매달 카드 명세서를 보면 '언제 내가 이렇게 썼지?'라는 생각이 들긴 했지만, 이미 나는 소비 중독자였기 때문에 '젊을 때 즐기자'라는 생각으로 또다시 신용카드를 긁었다. 신용카드를 과감히 자르고 나니 돈이 샌다는 느낌이 사라졌다. 내가 가지고 있는 돈으로만 써야 하니 더 쓰고 싶어도 불가능하게 됐다.

세 번째, 외제 차를 팔았다. 차가 있으면 더 멀리 여행도 가고, 타지에 있는 맛집도 쉽게 찾아갈 수 있다. 심지어 데이트 코스도 달라진다. 자연스럽게 소비가 많이 늘어날 수밖에 없었다. 또 자동차는 소모품으로 구매한 즉시 감가 대상이 된다. 전시장에 벗어나 바퀴가 굴러가는 그 순간부터 자동차는 감가가 된다. 사용할수록 자동차 가격은 0으로 수렴한다는 뜻이다. 그뿐인가? 유지비는 어떤가? 매달 기름값과 자동차세, 자동차보험료까지 최소 월 30만 원 이상 소비하고 있었다. 자식처럼 아끼던 외제 차가 소중한 내 월급을 갉아먹고 있었다는 것을 깨닫고, 눈물을 머금고 차를 팔았다.

차가 있었을 때는 약속 장소도 편하게 갈 수 있고, 출퇴근도 편하게 갈 수 있었기 때문에 처음에는 상당히 불편했다. 하지만 불편함은 잠시였다. 이제는 버스와 지하철은 나에게 없어서는 안 될 존재다. 대중교통은 나의 교통비를 아껴주는 것은 물론, 꿈을 키우는 공간을 만들어줬다. 남들이 운전하는 시간에 왕복 2시간 가까이 되는 출퇴근 시간을 버스와 지하철에서 부동산 책을 읽으며, 많은 시간을 나에게 투자할 수 있게 됐다. 그렇게 나는 부자와의 격차를 빠르게 줄여갈 것이다.

2. 티끌까지 전부 줄였다

주식과 코인으로 큰돈을 잃으면서 가장 크게 깨달은 것은 '적은 돈을 쉽게 여기니 큰돈도 쉬워진다'라는 것이었다. 처음 투자할 때는 분명 '소액으로 가볍게 하자'라는 마음으로 100만 원부터 시작했다. 투자금이 적은 만큼 수익이 나더라도 금액이 적어 만족스럽지 못했다. 그렇게 조금씩 투자금을 눈덩이 굴리듯

늘려가며, 적금으로 모아둔 돈과 매달 받는 월급으로 몇 년간 고생해서 모은 돈 전부를 투자했다. 돈을 돈으로 여기지 않으니 투자 금액과 손실 금액은 그냥 단순한 숫자 놀이 같았다. 그렇게 나의 돈들은 자신을 더 소중히 여기는 다른 사람에게 달아났다.

남들은 '티끌 모아 태산'이라는 속담 따라 열심히 저축할 때, 나는 정반대로 마이너스(!) 티끌을 모으고 있었다. 갓 취업한 친구들보다 5년 가까이 빨리 일을 시작했지만, 모은 돈이 비슷하거나 어떤 친구들은 나를 추월하기 시작했다. '이러다 평생 도박 중독자처럼 살겠구나' 싶어 엄청난 공포가 몰려왔다. 결국 신용카드를 자르고, 전망이 좋지 않은 종목을 다 정리한 후 모든 지출을 점검했다. 티끌이 태산이 되는 것을 누구보다 잘 알고 있어서 내가 쓰고 있는 티끌은 무엇인지, 지킬 수 있는 티끌이 무엇인지 찾으려 노력했다.

차를 팔면서 주유비와 보험료를 절약했고, 직장인에게 없어서는 안 될 커피까지 줄여나갔다. 직장인에게 매일 커피 한 잔은 정말 큰 힘이 된다. 근무 중 너무 졸릴 때 커피 한 잔은 잠을 깨워주고, 점심 식사 후에 커피 한 잔은 소소한 행복을 준다. 나는 매일 커피를 마시는 사람은 아니지만, 소비를 점검해보니 평균 커피 섭취량이 한 달 12잔 정도였다. 커피값은 카페마다 천차만별이다. 비싼 곳은 7,000원이 넘는 곳도 있다. 스타벅스 기준 아메리카노 한 잔은 4,500원이다. 12잔을 마실 경우 한 달에 5만 4,000원을 쓰게 된다.

매일 마시거나 가끔 동료들의 커피까지 사주기라도 하면, 한 달에 커피값만 10만 원이 넘는 사람도 있다. 이렇게 나의 몇 달간의 소비 패턴을 파악하는 것은 **태산이 되는 티끌**을 잡는 데 상당한 도움이 된다. 사실 커피를 좋아하는 사람이 커피를 전혀 마시지 않는 것은 너무 가혹하니 먹더라도 '가성비 커피'를 추천한다. 저렴한 커피도 좋은 원두를 써서 유명 전문점 못지않은 맛이 나는 곳도 상당히 존재한다. 이런 식으로 본인의 숨은 티끌을 찾고, 나에게 맞는 절약 습관을 찾아 나가는 것이 중요하다.

3. 방 정리를 하면 내 소비 습관을 알 수 있다

살다 보면 처음 이사 왔을 때보다 내 방에 짐이 2배, 3배 늘어나 있지 않은가? 자취를 해본 사람은 더 공감될 것이다. 이사 갈 때는 생각보다 불필요한 짐들이 많아 물건만 정리하는 데 상당한 시간이 필요했을 것이다. 부모님과 함께 사는 사람도 마찬가지다. 내 방을 정리해보면 언제 구매한 것인지도 모르는 물건이 튀어나온다. 깊숙하게 숨은 티셔츠도 찾게 되고, 심지어 고가의 옷들도 구석에 박혀 있다가 나온다. 이렇게 우리는 생각보다 불필요한 소비를 많이 하고 있다.

그간 얼마나 불필요한 소비를 해왔고, 충분히 쓸 수 있는 물건이 있는데도 같은 물건을 구매하고 있는 것은 없는지 궁금했다. 그래서 주말에 집 안의 모든 물건을 전부 꺼내서 눈으로 직접 확인하는 시간을 가졌다. 지금 당장 버려도 상관없는 불필요한 물건도 발견했다. 한 번도 입지 않은 옷을 발견했을 때는 공짜로 옷이 생기는 기분이 들었다. 몇 년간 사용하지 않은 물건은 앞으로도 사용하지 않을 확률이 높아 과감히 버리거나 당근마켓에서 무료 나눔으로 정리했다. 하나하나 돈으로 환산하면 역시나 큰돈이 될 수 있었다. 너무 아까웠다.

여러분도 주말에 한번 집에 있는 물건을 전부 꺼내 보는 시간을 가져보길 바란다. 생각보다 많은 물건이 집에 방치되고 있을 것이다. 특히 나는 새 옷처럼 깨끗한데, 안 입는 옷이 상당히 많았다. 패션 감각이 좋지 않은 편이라 항상 비슷한 색상과 디자인의 옷을 사는 습관으로 생겨난 일이다. 옷장의 옷들을 모두 꺼냈을 때 깜짝 놀랐다. 검은색을 좋아하는데, 검은색 티셔츠만 20장이 넘는 것이다! 옷이 전부 비슷하다 보니 옷장 맨 밑에 티셔츠는 있는지도 몰랐다. 이러니 항상 옷을 사도 부족하다고 느낄 수밖에 없었다.

월급쟁이가 가장 빠르게 성과를 내는 방법은 절약과 소비 습관 점검이다. 이런 과감한 다짐들은 경제적 자유를 향하는 데 첫 단추가 된다. 돈은 버는 것보다 지키는 것이 더 중요하다. 현재 나는 이런 변화로 월급의 85% 이상의 저축률을 만들어가고 있다. 티끌을 소중히 여기는 습관을 지금부터 만들어놓자. 훗날 부동산으로 경제적 자유를 얻었을 때 소중한 돈을 지키는 데 큰 도움이 된다. 또한 절약보다 중요한 것은 절약한 돈을 어디에 사용할 것인가도 중요하다. 티끌 같은 돈을 모으는 동시에 열심히 공부해서 우리는 반드시 부동산에 투자해야 한다. 지금 당장 외쳐보자. 아끼자! 투자하자! 지키자!

3장

아파트 저평가
내비게이션

아파트로 돈을 벌려면 가격, 타이밍, 인구, 분위지도, 상권을 검토하자

비트코인이 처음 생겼을 때는 2009년 10월 5일 기준, 1 BTC 가격은 1달러보다 저렴했다. 그러나 2021년, 비트코인 가격은 한화 8,000만 원 이상에 거래가 되기도 했다. 처음 가격 대비 수천 배 상승한 것이다. 최근 큰 하락을 겪었지만, 차트를 보면 장기적으로 우상향하고 있다. 주변을 둘러보면 비트코인으로 돈 번 사람보다 손해 본 사람이 대부분이다. 좋은 종목을 선정하더라도 비싼 가격과 하락 타이밍에 투자하는 우를 범한 것이다. 주식도 마찬가지로 차트를 보면 사이사이 큰 하락장을 겪긴 했지만, 우상향을 그려 나가고 있다. 그러면 부동산은 어떻게 좋은 가격과 타이밍을 선정할 수 있을까?

1. 좋은 아파트를 고르기 전 좋은 가격과 타이밍이 먼저다

"이 집 좋아 보인다. 초품아에 더블 역세권이네? 10년 넘은 아파트인데도 아직 외관은 깨끗하네. 작년에 선배가 여기에 집 사서 돈 벌었다고 하더라. 근데 부동산이 최근 많이 떨어졌는데 앞으로 부동산이 오를 수 있을까? 그냥 전세로

2년 살아보고 청약이나 할까? ○○야, 여기 집 어떻게 생각해?"

초보자가 집을 살 때 가장 큰 실수는 다른 사람들의 성공 사례에만 집중하는 것이다. 주변 지인이 특정 아파트로 돈을 벌었다는 이야기를 들으면, 그 아파트만 분석하고 따라 사려고 한다. 부동산 초보자들끼리 초품아 아파트가 대장 아파트라고 말하며, 누구는 더블 역세권 아파트가 대장 아파트라고 싸우기 바쁘기도 하다. 물론 둘 다 입지적으로 좋은 조건을 가졌더라도 이게 옳은 투자 방법일까? 절대 아니다. 이런 투자 방법은 주관적인 '감'일 뿐 정확한 데이터가 아니다.

사실 대부분 내 집을 마련할 때 앞과 같은 방식으로 아파트를 고민하고 구매까지 이어진다. 다양한 입지 조건을 고려하기 때문에 그 지역에서 좋은 집을 고를 수는 있다. 하지만 그 지역을 분석하지 않았기 때문에 하락기 직전에 투자했다면, 당신은 가장 비싼 가격에 아파트를 살 위험성이 생긴다. 투자 명언 중 '무릎에 사서 어깨에 팔라'는 말이 있다. 아파트를 비싸게 사는 것은 다른 투자자의 집을 머리에 사주는 것이다. 얼마나 배 아픈 일인가?

부동산은 경제적 자유를 향한 소풍과 같다. 소풍 가기 전날 우리는 무엇을 하는가? 준비물부터, 입을 옷부터 챙기는가? 아니다. 무엇보다 기상예보 확인이 가장 먼저다. 내일 소풍 장소에 비가 오는데 우산을 챙기지 않는다면, 우리는 예쁜 옷이 흠뻑 젖을 것이다. 눈이 온다면 따뜻한 옷을 꺼내야 한다. 태풍이 온다면 여행 일정을 변경해야 한다. 부동산 투자도 마찬가지다. 내가 투자할 지역에 비가 온다면, 좋은 아파트라도 흠뻑 젖을 것이다. 하락장에는 강남 아파트도 떨어진다. 눈이 오고 태풍이 온다면 여행 일정을 변경하거나 다른 지역으로 계획을 변경해야 한다.

그렇기에 투자하기 전, 일기예보도 확인해야 하고, 내비게이션도 필요하다. 지금부터 나는 당신의 부동산 일기예보이자 내비게이션이 되고자 한다. 컴퓨터를 옆에 두고 한 페이지씩 넘기면서 함께 소풍을 가보자. 한 가지 당부할 것은 투자는 확률 싸움이다. 이 책을 통해 반드시 오르는 집을 사거나 내리는 집을 찾을 수는 없다. 100% 오른다는 거짓말은 하고 싶지 않다. 다만 나의 내비게이션은 당신이 가고자 하는 길에 좀 더 최적화된 길을 안내해줄 것임은 확신하다.

2. 알아두면 유용한 사이트

부동산 투자를 하는 사람이라면 없어서는 안 되는 사이트들이 있다. 단순한 커뮤니티 사이트가 아닌 프롭테크 기반으로 양질의 무료 정보를 제공한다. 프롭테크란 property(부동산)와 technology(기술)의 합성어로 인공지능, 빅데이터 등을 통해 제공하는 서비스 산업을 말한다. 안내하는 사이트들과 사용 방법의 숙지는 부동산 투자에 있어서 꼭 필요하다. 다양한 사이트가 있어서 처음에는 필요한 기능이 어디 있는지 헷갈릴 것이다. 한 페이지씩 넘기면서 익숙해질 때까지 연습하자.

(1) 호갱노노

부동산 투자자들이 가장 많이 사용하는 사이트다. 앱도 사용해보면 사이트와 거의 유사해 사용하기 편리하다. 아파트 단지를 클릭하면 커뮤니티 기능이 있어 아파트 단지의 분위기와 실제 입주민의 생각까지 볼 수 있는 기능도 있다.

사이트 좌측 상단에 보면 신고가, 변동, 인구 등 다양한 기능들이 있다.

자료 3-1. 호갱노노 메인 화면

필터

호갱노노에서 가장 큰 특징은 '필터' 기능으로 평형, 가격 등을 설정할 수 있다. 나의 자금에 맞는 아파트를 찾을 때 굉장히 유용한 기능이다. 입주년차, 세대수를 설정하면 원하는 단지 규모 선택도 가능하다. 원하는 투자 방향에 따라

자료 3-2. 필터를 적용하지 않은 모습

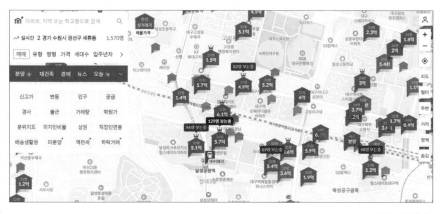

구축과 신축 아파트를 '필터링' 해준다. 앞의 자료 3-2는 필터 기능을 사용하지 않은 모습이라 지도상 모든 아파트를 보여준다. 이 기능을 잘 활용한다면 전국에 있는 수많은 아파트 중에서 내가 필요한 조건에 맞는 아파트를 단시간에 확인할 수 있다.

좌측 상단에서 조건을 변경해 필터링 하거나 우측 '필터' 버튼을 눌러 항목별로 조정이 가능하다. 신고가, 변동, 인구, 공급 등 유용한 정보도 함께 제공한다. 자료 3-3은 4억 원 미만 아파트 중 연식이 15년 이내의 700세대가 되는 20~30평 아파트를 필터링 한 모습이다. 해당 지역의 월간 방문자 수 1위인 아파트에 왕관이 달린다. 그만큼 관심도가 많은 아파트는 그 지역의 대장 아파트일 확률이 높다.

자료 3-3. 필터 기능 상세 설정

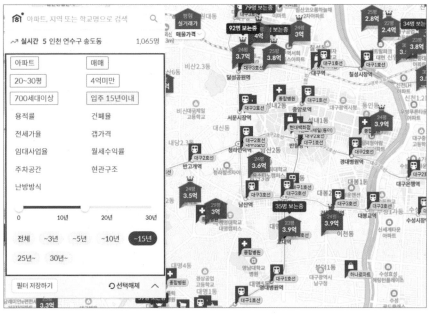

출처 : 호갱노노

인구

좌측 상단 '인구' 탭을 눌러보자. 해당 지역의 인구이동이 어디로 빠지고 들어오는지 한눈에 확인할 수 있다. 실제로 사용해보면 예상대로 지방은 다양한 지역으로 인구 이탈이 나타난다. '인구' 탭 사용 시 중요한 것은 유출되는 지역보다 유입되는 지역이 어디인지 확인해야 한다. 자료 3-4를 보면 울산은 1.59%의 인구가 순전출했다. 울산으로 유입된 지역은 경상남도(1.29%), 대구(1.17%), 광주(0.83%) 순으로 유입된 것을 알 수 있다. 동그라미가 크고 진할수록 많은 인구의 이동을 나타낸다.

자료 3-4. 순인구이동

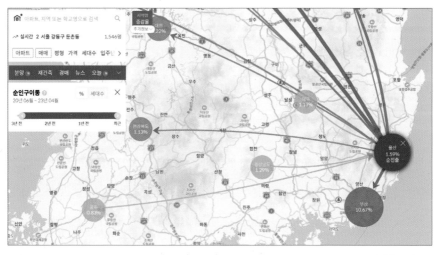

출처 : 호갱노노

분위지도

'분위지도'를 이용하면 어디 동과 면이 제일 비싼지 한 번에 파악할 수 있다. 평당 가격에 따라 색상이 다른 점으로 표시가 되는데, **가격이 높을수록 회색부터 파란색 점으로 표시가 된다.** 다음 자료 3-5를 보면 어디 지역이 가장 비싼 곳인지 알 수 있다. 비싸다는 것은 그 지역에서 가장 좋은 동네라는 뜻이다. 굳이 힘을 들여서 대장 지역을 찾을 필요가 없다. 모르는 지역을 탐색할 때 빠르게 대장 지역, 대장 아파트를 발견할 수 있다. 지도를 확대, 축소하면 화면에 나타나는 지역 중에서 가격순으로 점이 다시 재배치된다.

자료 3-5. 분위지도 보기

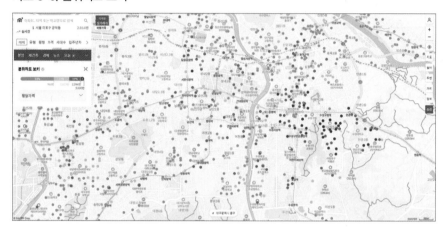

출처 : 호갱노노

대구에서 파란색 점이 수성구 쪽에 많이 분포하는 것을 봐서 수성구가 대구에서 비싼 동네라는 것을 확인할 수 있다. 또한 자료 3-6처럼 지도를 확대하거나 축소하면 화면에서 보이는 기준으로 평당 가격에 따른 점이 재배열된다.

자료 3-6. 분위지도 재배열

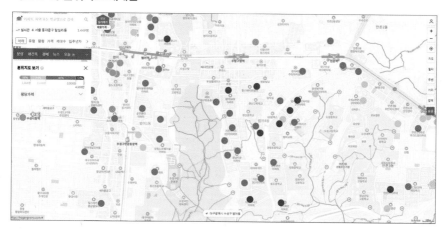

출처 : 호갱노노

상권

자료 3-7. 호갱노노로 상권 파악하기

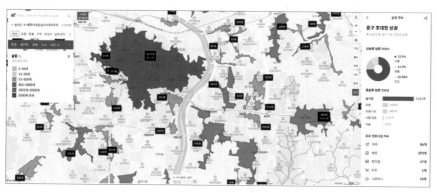

출처 : 호갱노노

'상권' 기능은 어디 동, 면에 상권이 많이 분포됐는지 알 수 있다. 자료 3-7과 같이 지역별로 몇 개의 상권이 형성됐는지 색상과 숫자로 표시된다. 숫자를 클릭하면 중분류별로 어떤 업종이 있는지 알 수 있다. 상권분석은 호갱노노로 가볍게 살펴보고 '카카오맵'을 같이 사용하자. 카카오맵은 내가 보고자 하는 상권을 선택해서 파악할 수 있다. 병원, 약국, 은행 같은 선호 시설을 파악하는 동시에 모텔, 술집, 주점 같은 비선호 상권도 파악할 수 있는 장점이 있다.

자료 3-8 카카오맵에서 좌측 상단 '주변'을 클릭 후 항목을 선택하면, 지도 상에서 클릭한 항목을 표시해준다. 주변의 병원 약국 전체가 나오는 것을 볼 수 있다.

자료 3-8. 카카오맵으로 주변 상권 파악하기

출처 : 카카오맵

학원

자료 3-9는 호갱노노에서 학원이 밀집한 지역을 지도에서 표시하는 기능이다. 학원이 가장 밀집된 곳은 학군 열기가 뜨거운 곳이다. **학군이 좋다는 뜻은 입지가 좋고, 비싼 지역일 확률이 높다.** 이전에 설명한 '분위지도' 탭과 함께 보면 그 사실을 알 수 있다. 이후 설명할 학업성취도와 학군이 좋은 중학교를 찾는 법과 '학원' 탭을 함께 사용해서 처음 보는 지역의 학군 분석을 쉽게 할 수 있다. 우리나라 사람들은 학군을 정말 사랑하기 때문에 학군 파악은 부동산에 있어서 중요한 부분을 차지한다.

자료 3-9. 학원 밀집 지역

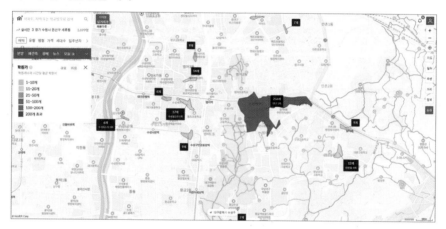

출처 : 호갱노노

대구에서 가장 학원이 많은 곳은 수성구청역 부근으로, 학원이 296개로 대구 1위를 차지했다. 다음 자료 3-10처럼 **분위지도로 함께 살펴보니 학원 밀집도가 높은 지역이 평당가격이 가장 높아 파란색 점으로 표시되고 있다.**

자료 3-10. 분위지도로 확인하는 평당가격이 높은 학원가

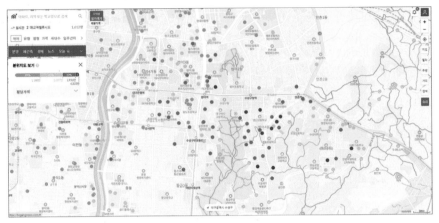

출처 : 호갱노노

(2) 부동산지인

부동산지인은 미분양, 인구 및 세대수를 파악할 수 있다. 무엇보다 좋은 기능은 아파트 수요/입주 데이터를 파악할 수 있는데, 여러 지역을 묶어서 한 번에 볼 수 있는 수요/입주 플러스 기능도 존재한다. 부동산지인은 호갱노노와 달리 앱으로 사용하는 것은 불편하니 웹으로 이용하면 좋다.

미분양

부동산지인 ▶ 지인빅데이터 ▶ 미분양 ▶ 지역 선택

미분양 데이터를 그래프로 표현해서 한눈에 파악하기 쉽다. 아래 스크롤을 내리면 일자별로 미분양 세대수를 파악할 수 있으며, 준공 전 비율과 준공 후 비율까지 알 수 있다. 미분양지수는 우리가 투자할 저평가 지역을 고를 때 꼭 필요하다. 내가 검색한 지역이 미분양이 증가 추세인지, 증가 후 감소하는 추세

인지 파악하자. 그래프에 마우스 커서를 올려두면 준공 후 미분양 데이터를 보여준다. 이것이 부동산지인에서 미분양 데이터를 보는 가장 중요한 이유다. 자세한 내용은 이후 저평가 지역을 찾는 방법에서 설명하겠다.

자료 3-11. 대구시 기간별 미분양 현황

출처 : 부동산지인

수요/입주

부동산지인 ▶ 수요/입주 ▶ 지역 선택

한 지역의 수요와 입주를 볼 때 쓰는 기능이다. 수요는 인구×0.5로 나타낸 수치다. 다음 자료 3-12를 보면, 대구는 2015년부터 꾸준히 입주량이 많았다는 것을 알 수 있다. 2024년까지 공급량은 계속해서 많을 것이며, 2025년이 되어서야 입주량이 감소하는 모습이다. 입주량이 줄어들어 2025년부터 수요 수평선보다 내려가는 그래프를 그린다. 시장은 수요와 공급으로 인해 가격이 결정되는 부분이 있다. 입주가 넘치고 부족한 시기의 변곡점이 언제인지 확인해야 한다.

자료 3-12. 대구시 기간별 수요/입주

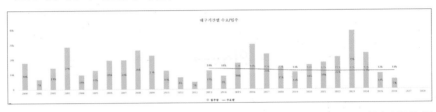

출처 : 부동산지인

'수요/입지 플러스'는 '수요/입지'의 응용 기능이다. '수요/입지' 탭은 1개 지역만 볼 수 있지만, '수요/입지 플러스'는 **말 그대로 다른 지역을 플러스(추가)해서 볼 수 있다.** 최대 3개의 지역을 추가할 수 있다. 인근 도시의 입주 물량이 늘어나면 해당 도시에 영향을 줄 수 있다. 그래서 인근 도시 물량도 같이 봐야 한다. 예시로 대구와 가까운 경북 구미시, 경북 경산시를 추가해보자. 대구만 봤을 때

자료 3-13. 대구시, 경북 구미시, 경북 경산시 연별 수요/입주

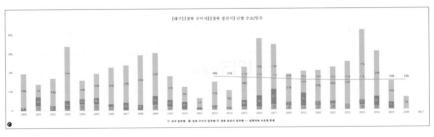

출처 : 부동산지인

보다 더 자세한 공급량을 확인할 수 있다. 수요/입주에 영향을 주는 도시는 호갱노노에서 소개한 '인구' 탭을 통해 인근 도시 중 인구 유입/유출이 큰 도시를 찾으면 된다.

(3) 아실(아파트실거래가)

아실은 지역, 아파트, 학군끼리 비교 분석하는 기능이 많다. 대표적으로 '여러 단지 비교'를 통해 저평가된 아파트를 분석할 수 있다. '학군 비교'는 해당 지역에 있는 중학교의 학업성취도에 따라 선호 학군을 찾을 수 있다. 호갱노노에서 '학원' 탭으로 학원가를 찾고, 아실에서 학업성취도가 높은 중학교를 찾는다면 학군 좋은 아파트를 찾는 데 유용하다.

여러 단지 비교/가격 비교

'여러 단지 비교'는 내가 선택한 아파트의 매매/전세/월세를 비교할 수 있는 기능이다. 아파트끼리 비교도 가능하지만, 지역별 비교도 가능하다. 다음 자료 3-14는 대구 수성구에 있는 힐스테이트범어(33평), 부산 해운대구 트럼프월드센텀(34평)을 추가한 모습이다. 내가 투자하고자 하는 아파트와 비슷한 수준의 아파트를 찾는다. 다른 아파트에 비해 해당 아파트가 비싸게 거래가 되는지 비교할 수 있다. 다른 아파트와 비교하는 이유는 일시적으로 저평가됐는지 확인하기 위함이다. 비교하면 상대적으로 어떤 아파트가 가격 상승이 일어나지 않는지 알 수 있다.

'가격 비교' 탭은 2개의 단지만 비교할 수 있다. 다음 자료 3-15와 같이 각각 단지의 정보를 보여준다.

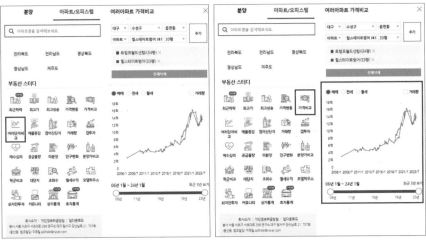

자료 3-14. 여러 아파트 가격 비교	자료 3-15. 아파트끼리 가격 비교
출처 : 아실	출처 : 아실

학군 비교

'학군 비교'는 원하는 지역을 선택하면 그 지역에 있는 중학교, 고등학교의 학업성취도와 특목고 진학률을 보여준다. 학업성취도가 높으면 높을수록 공부를 잘하는 학교라고 생각하면 된다. 보통 학군의 중요성은 중학교부터다. 특목고나 일반고 준비부터 대학입시까지의 첫 시작이 보통 중학교부터 시작되기 때문이다. 현재 '학업성취도평가'라는 시험은 폐지가 되어 2016년에 마지막으로 평가했다. 2017년부터는 선택적으로 실시하고 있다. 국·영·수 3가지 과목을 총 4개의 등급(우수/보통/기초/기초미달)으로 산출한다.

아실에서 학업성취도를 '보통 학력 이상 비율(국·영·수 평균)'로 나타낸다. 여기서 보통 학력 이상이란 '평가 대상 학년의 학생들이 도달하기를 기대하는 교육과정 성취기준의 상당 부분을 이해하는 수준을 말한다. 학업성취도가 80%라면 학급 수의 80% 학생이 이러한 기준 안에 들어온다는 뜻이다. 보통 85% 이상 되는 학군으로 보낼 수 있는 단지를 추천한다. 학군 또한 비교 기능이 있으니 지역별로 비교군을 설정해서 학군을 살펴보자.

자료 3-16. 대구시 수성구 중학교 학군 비교

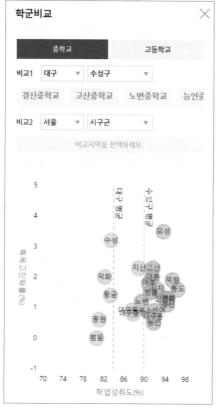

출처 : 아실

이렇게 다양한 사이트가 많다. 중요한 것은 하나라도 스스로 정보를 찾아내고 가공하는 능력이다. 처음부터 모르는 지역을 연습하면 어려움을 느낄 수 있으니 집 앞 동네부터 시작하자. 소개한 기능 이외에 다양한 기능들도 숨어 있으니 한 번씩 사용해보자. 나에게 맞는 편한 기능과 유용한 기능을 발견하는 재미도 생긴다. 아무런 준비와 정보가 없이 임장을 가면 그냥 다리만 아프다. 임장 가기 전에 최대한 많은 정보를 얻어라. 아는 만큼 보일 것이다. 실제 임장을 가서도 보고 느끼는 것이 달라진다. 그 지역의 정보가 부족할수록 부동산 중개인에게 휘둘리는 투자를 할 수 있다.

⑷ 그 외 유용한 사이트

네이버 부동산

모든 분석이 끝난 뒤 마지막 종착지라고 생각하면 된다. 실제 매물을 확인할 수 있는 곳으로 해당 단지에 몇 동, 몇 층의 매물이 나와 있는지, 가격대는 어떻게 형성됐는지를 알 수 있다. 평면도도 확인도 가능하며, 이 외에도 지도에서 지적편집도, 거리뷰, 거리 재기, 항공뷰 등 다양한 기능을 사용할 수 있다.

손품왕

손품왕은 엑셀 기반의 부동산 분석 프로그램으로 투자자가 직접 만들었다. 제작자는 프로그래머이며, 제공하는 지표들이 상당히 많다. 다양한 사이트에서 가져올 수 있는 데이터들을 찾는 것도 쉽지 않지만, 데이터를 그래프로 표시했기 때문에 보기 좋게 볼 수 있다. 전세수급지수, 입주 물량, 미분양, 전세가격, 매수우위지수 등을 편하게 확인할 수 있다. 다만 손품왕은 유료 분석 사이트다.

블로그

부동산 전문가가 운영하는 블로그에는 지역별 임장 후기, 부동산 정책, 절세, 부동산 뉴스에 대한 견해, 향후 부동산 전망 등이 있어 안방에서 가장 편하게 전문가들의 견해를 확인할 수 있다. 전국에 유명한 부동산 전문가들이 많이 존재하기 때문에 여러 전문가의 블로그와 유튜브를 살펴보고, 자신과 맞는 전문가의 블로그를 즐겨 찾기를 하면 초보자에게 상당한 도움이 된다.

추천 블로그

① 손품왕
② 렘군
③ 빠숑 김학렬
④ 시크릿 브라더
⑤ 건희 아빠

이 챕터에서는 부동산 투자에 도움 되는 여러 사이트와 간단한 사용법을 알아봤다. 익숙하지 않기 때문에 꾸준히 연습해서 부동산과 관련된 여러 가지 항목들을 살펴보는 능력을 길러야 한다. 부동산은 절대 감으로 맞출 수 없다. 인간의 심리는 오를 때 더 오를 것 같은 기대감이 있다. 내릴 때는 계속 내릴 것 같은 불안함이 있다. 인플레이션과 디플레이션에서 나타나는 심리 현상이다. 감으로 투자한다면 낭패를 볼 수밖에 없다. 부동산은 엄청난 돈이 들어가는 자산이다. 언제나 부동산 뉴스와 정보에 귀를 열고, 객관적인 데이터를 보며 냉정하게 판단해야 한다.

저평가 지역 찾는 법 :
인구수, 최근 추이, 미분양, 입주 물량

　저평가 지역의 다른 말은 '다른 지역보다 오를 여력이 있는 지역'이다. 오를 여력이 있으려면 몇 가지 조건이 필요하다. 핵심은 최근 몇 년간 아파트 가격이 하락하고, 분위기가 침체한 곳을 찾는 것이다. 몇 년간 하락으로 분위기가 좋지 않은 지역은 사람들이 집 사기를 꺼리고, 아무도 부동산에 관심이 없다. 그들이 부동산은 끝이라며 전세, 월세를 택할 때 우리는 상승시그널을 포착해 급매와 로열동, 고층 아파트를 값싸게 살 수 있다. 하지만 하락한 지역이라고 무조건 좋은 것이 아니다. 다음의 몇 가지 조건을 갖춰야 한다. 지금부터 저평가 지역으로 가는 경로를 안내하겠다. 남들이 가지 않는 곳에 우리의 기회가 있다.

- 인구가 50만 명 이상인 지역
- 최근 몇 년간 하락한 지역
- 미분양이 쌓인 지역
- 몇 년간 공급이 초과한 지역

📍 인구수

저평가 지역으로 가는 첫 번째 경로는 인구와 세대수다. 인구 감소가 걱정되는가? 걱정된다면 인구수가 많은 도시에 투자하면 된다. 인구는 수요와 직결된 관계가 맞다. 인구가 적은 소도시보다 많은 대도시일수록 부동산 거래량이 많은 것은 당연한 이치다. 인구수가 많으면 실거주 수요도 많다. 투자자들도 인구가 많은 도시에 투자하는 것을 선호하기 때문에 투자 수요도 소도시보다 많다. 부동산 초보자라면 50만 명 이상인 도시에 접근하자. 인구는 많을수록 좋다.

실제로 찾아보면 50만 명이 넘는 지역은 많이 존재한다. 저출산 문제가 심각하지만, 아직 인구가 감소하더라도 세대수가 증가하고 있다. 놀랍게도 세대수뿐만 아니라 일부 지역은 인구 유입으로 인구가 증가하는 곳도 있다. 교통, 일자리 등 호재로 인해 살기 좋은 지역으로 변하는 곳이 그렇다. 그런 곳이 기회의 땅이다. 인구수를 가장 쉽게 확인하는 법은 네이버에 '○○ 인구'라고 검색하는 방법도 있다. 세대수는 나타나 있지 않기 때문에 '부동산지인'을 통해서 인구와 세대수를 확인한다.

부동산지인 ▶ 지인빅데이터 ▶ 인구/세대수 ▶ 지역 선택

자료 3-17. 대구시 인구수 & 세대수 변화 추이

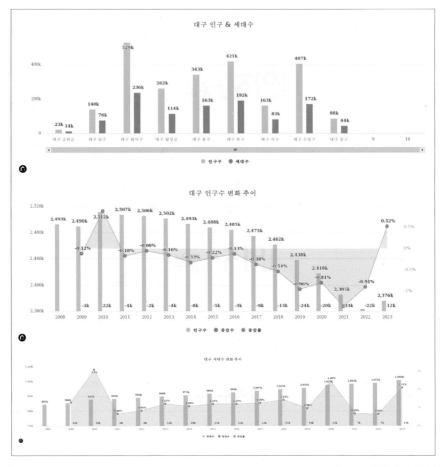

출처 : 부동산지인

  예시로 부동산지인에서 대구 인구를 확인해보자. 어떤가? 인구가 감소하고 있다. 매년 인구수가 감소하기 때문에 부동산이 하락할 것이라고 외쳤지만 어떻게 됐는가? 인구와는 반대로 대구 아파트 매매지수는 2008년부터 꾸준히 우상향하고 있었다. 매매지수뿐만 아니라 세대수 변화 추이도 마찬가지로 상승 곡선을 그려 나가고 있다. 인구수가 가파르게 감소하고 있는 것은 사실이다. 하지만 집값은 인구수와 다르게 흘러가고 있었다. 언젠가 세대수까지 감소할 날이 온다면 부동산이 하락할 수는 있겠지만, 아직은 부동산 수요는 계속 증가하고 있기 때문에 기회는 또다시 온다.

자료 3-18. 대구시 아파트 매매가격지수

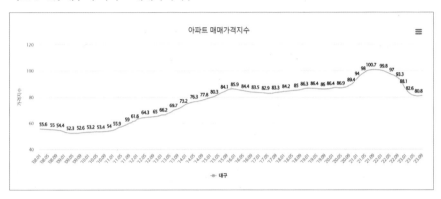

출처 : 한국부동산원

이렇게 한 지역씩 검색해보자. 몇 명이 거주하고 있는지, 인구와 세대수는 증가하고 있는지 확인한다. 특히 인구가 증가하고 있는 도시는 반드시 주의 깊게 살펴봐야 하는 지역이다. 예를 들어 경기도 화성이 그런 도시다. 나는 50만 명 이상 도시를 엑셀 파일로 따로 만들어 저장했다. 처음에는 귀찮고 번거로웠지만 한 번의 고생으로 나의 부동산 내비게이션이 되어준다. 엑셀 파일을 기록할 때 인구수별로 나열하고, 지역별로 세대수와 인구수 추이를 기록해두면 한눈에 투자할 곳이 보이게 된다.

자료 3-19. 50만 명 이상 인구 도시 목록

50~100만 명	100만 명 이상	200만 명 이상
김해 (53.3)	고양 (107.5)	대구 (237.6)
남양주 (73.2)	광주 (142.8)	부산 (329.5)
부천 (78.1)	대전 (144.3)	인천 (299.3)
성남 (91.8)	수원 (119.7)	
시흥 (51.9)	용인 (107.5)	
안산 (63.6)	울산 (110.3)	
안양 (54.3)	창원 (100.9)	
전주 (64.3)		
제주 (67.5)		
천안 (65.6)		
청주 (85.2)		
평택 (59.1)		
화성 (94.1)		

 최근 몇 년간 하락한 지역

30~40% 이상 가격이 하락한 지역은 저렴하게 아파트를 구매할 기회가 생긴다. 아무도 집을 사려고 하지 않기 때문에 급매 물건과 로열 동, 호수의 물건도 저렴하게 시장에 나온다. 매매지수가 오랫동안 하락 중인 지역의 분위기는 어떨까? 모두 부동산에 관한 관심이 사라진다. 매매보다는 전세나 월세를 택하는 상황으로 집 사기를 꺼린다. 이전에 말한 디플레이션 원리로 오랫동안 아파트가 하락했다면, '앞으로도 더 떨어질 것'이라는 심리가 지역 전체에 퍼진다. 사람들은 안 사는 것보다 무서워서 못 산다. 이런 대중심리 덕분에 우리는 남들보다 더 싸게 집을 살 기회가 생긴다.

📍 미분양 발생

하락하는 지역을 보면 대부분 미분양 수치가 높다. 미분양은 공급이 수요보다 초과했을 때 발생한다. 물량이 초과해서 새 아파트더라도 전부 소화하지 못하게 된 것이다. 미분양이 발생하면 뉴스와 신문에 미분양 기사가 쏟아진다. 부동산 공포 분위기가 형성되어 사람들은 분양받기가 무서워 미분양이 점차 쌓인다. 집을 들고 있던 사람들도 분위기에 휩쓸려 호가보다 싸게 집을 내놓기 시작한다. 안타까운 상황이지만 우리에게 좋은 기회다. 미분양지수는 부동산지인에서 확인할 수 있다.

> 부동산지인 ▶ 지인빅데이터 ▶ 미분양 ▶ 지역 선택

자료 3-20. 대구시 미분양 그래프

출처 : 부동산지인

자료 3-20을 보면 대구시는 2010년부터 쌓인 미분양이 해소되는 모습을 보인다. 놀랍게도 미분양 해소가 시작되는 2010년부터 매매지수도 함께 상승했다. 반대로 현재는 2022년부터 미분양이 가파르게 쌓이기 시작했는데, 2022년에 매매지수가 고점을 찍고 하락세로 전환했다. 이렇게 미분양은 매매지수와 상관관계가 깊다. 저평가 지역을 찾을 때는 미분양지수를 꼭 확인한다. 신문과 뉴

스를 통해 그 지역 분위기를 파악하며, 앞으로 미분양이 해소될지 관심 있게 보자.

또 미분양 차트에서 더 중요한 것이 있다. 바로 '준공 후 미분양'이다. '준공 후 미분양'이란 청약 시 1순위에서 분양이 되지 않고 남은 물량을 말한다. 흔히 **'악성 미분양'**이라고 불린다. 우리나라 분양은 아파트를 완공한 후 분양하는 것이 아닌, 아파트를 짓기 전 선분양하는 방식이다. 선분양 방식은 청약 인원을 미리 모집하고, 자금을 먼저 빌은 뒤 건설을 시작한다. 부동산 분위기가 좋을 때는 아파트가 완공되기 전에 분양이 완판되어 악성 미분양이 발생하지 않는다. 반대로 좋지 않을 때는 완공이 되어도 집이 팔리지 않는다.

자료 3-21. 준공 후 미분양지수 파악

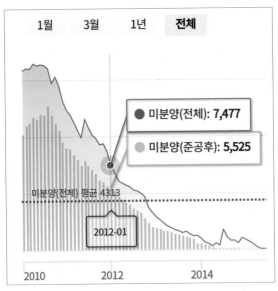

출처 : 부동산지인

📍 입주 물량 넘치는 곳(공급/수요)

미분양의 가장 큰 원인은 공급이다. 공급도 부동산지인에서 확인할 수 있다. 부동산에서 공급은 '입주 물량+인허가 물량'을 말한다. 초보자들은 입주 물량 위주로 파악하자. 인허가 물량은 5년 뒤 입주할 물량이기 때문에 입주 물량만 보도록 한다. 부동산지인에서 입주 물량과 수요와 공급의 균형을 파악한다. 공급은 파란색 막대, 수요는 빨간색 수평선으로 표시했는데, 파란색 막대가 빨간색 수평선 위로 올라간다면 그해는 공급이 많은 해라고 생각하면 된다.

한 지역의 물량만 볼 때
부동산지인 ▶ 수요/입주 ▶ 지역 선택

다른 지역과 함께 볼 때
부동산지인 ▶ 수요/입주 플러스 ▶ 지역 선택, 지역 추가

자료 3-22. 대구시 기간별 수요/입주

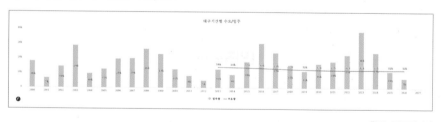

출처 : 부동산지인

자료 3-22의 대구시 기간별 수요/입주 그래프를 보면, 2006년부터 2009년까지 입주 물량이 많았다. 그 결과 미분양이 상당히 발생했다. 쌓여 있던 미분양은 2010년부터 감소하는 것이 보인다. 2010년부터 2014년까지 수요보다 입주 물량이 부족했기 때문에 미분양이 소화된 것이다. 그러면 현재는 왜 미분양

이 폭발적으로 증가했는지 짐작이 된다. 2015년부터 꾸준히 수요량을 초과하는 모습을 보여주며, 입주 물량이 계속 초과하고 있다. 왜 미분양이 발생했는지 이해가 가는가? 그래프에서 알 수 있듯 물량이 많아서 소화를 못 했다.

수요/입주 그래프를 보면 미분양 발생 시기를 어느 정도 예상할 수 있다. 부동산지인은 3년 후 입주량도 보여주기 때문에 향후 입주 물량이 부족한지, 많은지도 확인할 수 있다. 수요/입주를 볼 때는 누적되는 **누적 입주 물량**을 예상해야 한다. 2023년의 수요/공급을 확인한다면 2023년의 수요/공급만 보고 '수요보다 공급이 많네? 하락하겠다'라고 판단해서는 안 된다. 이전 공급량과 앞으로의 공급량을 함께 봐야 한다. **2021~2022년에 공급량은 어땠는지, 앞으로 공급량은 얼마나 되는지 함께 본다.** 현재 입주 물량이 많다면 미분양지수와 함께 보면서 공급량을 소화하는지도 확인한다.

수요/입주로 해당 지역을 파악했다면 더 정확한 데이터를 파악하기 위해 다른 지역을 추가해보자. '수요/입주 플러스'가 바로 그런 기능이다. 인근 지역의 입주 물량까지 함께 볼 수 있다. 대신 아무 지역을 포함하는 것이 아닌, 같은 권역권 지역을 포함한다. 입주 물량이 늘어날 때 영향을 받을 지역을 선정하는 것이다. 같은 권역이 되기 위한 조건은 첫 번째, 지리적으로 가까워야 한다. 거리가 멀다면 이사하기 어렵기 때문이다. 두 번째, 인구 전입과 전출이 이루어진다. 인구 전입과 전출이 높은 도시는 부동산지인 '전출입', 호갱노노 '인구' 탭을 통해 확인할 수 있다.

이렇게 "부동산은 이제 끝났다!"라는 목소리가 커지는 지역이 바로 우리가 투자해야 할 지역이다. 사람들의 관심이 사라지고, 전세와 월세를 택하는 지역,

그곳이 바로 저평가 지역과 매수 지역이다. 주변에서 그런 지역에 투자한다고 하면, 다들 미분양과 집값이 하락해서 괜찮겠냐고 걱정할 것이다. 나를 책임지지 않을 사람들의 말에 흔들려서는 안 된다. 모두가 환호하고 관심을 가지는 지역은 이미 고평가가 됐거나 물량이 쏟아질 수 있다.

부동산은 심리다 :
초기 분양률, 청약 경쟁률, 거래량,
매수우위지수, 외부인 투자

부동산에서 심리는 가격에 상당한 영향을 미친다. 집을 사거나 팔 때 모든 행위의 주체는 결국 사람이기 때문이다. 집값이 올라갈 것 같으면 매도자는 시세보다 비싸게 팔고 싶다. 매수자는 웃돈을 줘서라도 사려고 한다. 반대로 하락 심리가 크다면 매도자는 손해를 보더라도 싸게 팔려고 할 것이다. 매수자는 급매 가격에서 더 싸게, 더 좋은 곳을 사고 싶다. 그러므로 부동산 투자에서 심리적 요소들을 파악하는 것은 굉장히 중요하다. 부동산 심리를 확인할 수 있는 요소는 다음과 같다.

- 초기 분양률
- 청약 경쟁률
- 거래량
- 매수우위지수
- 외지인 거래량

📍 초기 분양률과 청약 경쟁률로 새 아파트의 니즈 심리 파악하기

초기 분양률

초기 분양률이란 신규 분양 아파트의 초기 분양 기간(3개월 초과~6개월 이하)에 실제 계약이 체결된 가구수의 비율이다. 주택정보포털(HOUSTA), 국가통계포털(kosis), 청약홈에서 확인할 수 있다. 초기 분양률은 하락기에 아파트를 소유하고 싶은 심리가 살아나고 있는지 확인할 수 있는 좋은 지표다. 상승기에는 전국이 초기 분양률이 100% 가까이 될 만큼 높다. 반대로 하락기에는 초기 분양률도 감소하고, 미분양도 발생한다. 하락장을 겪은 해당 지역에 초기 분양률이 높게 나온다는 것은 심리가 살아나고 있다는 신호다. 초기 분양률은 분기별로 발표해서 **미분양 데이터**와 함께 보면서 시장 심리와 방향성을 체크해야 한다.

청약 경쟁률

청약 경쟁률이란 아파트 분양 시 '얼마나 많은 사람이 몰렸는가?'에 대한 수치다. 청약 경쟁률도 마찬가지로 경쟁률이 높다는 것은 부동산 심리가 살아나는 것으로 상승 전환 시그널이 된다. 하락장에서 상승장으로 갈 때 가장 먼저 상승하는 것은 입지 좋은 분양권 및 신축 대장 아파트이기 때문이다. 사람들은 새 아파트를 가장 원하고 먼저 매수한다. 추가로 청약 경쟁률을 볼 때 '특별 공급 경쟁률'을 주목해야 한다. 특별 공급은 일생에 단 한 번만 당첨될 수 있어서 그만큼 신중한 결정으로 만들어진 경쟁률이다. 확신을 두고 청약을 넣는 사람들이 만든 수치이므로 그 지역의 시장 분위기를 뚜렷하게 나타낸다.

청약 경쟁률을 볼 때 주의사항이 있다. **청약 경쟁률은 특정 단지 아파트에 대한 경쟁률이다. 경쟁률만 보는 것이 아닌 해당 단지의 입지를 반드시 확인해야**

한다. 입지가 나쁜 아파트의 경쟁률을 보고, 저평가 지역이라고 판단하는 우를 범해서는 안 된다. 좋은 입지를 가진 아파트의 경쟁률을 파악해야 한다. 만약 입지가 좋은데도 경쟁률이 낮은 곳은 우리가 찾는 바로 '저평가 시그널'이다. 시장이 침체되어 좋은 입지라고 판단되는 곳에 미분양이 발생한다면, 우리는 미분양 아파트에서 좋은 기회를 노릴 수 있다.

미분양 시 건설사에서 주는 '특별 혜택' 때문이다. 특별 혜택은 가전 사은품부터 중도금 대출 무이자, 심지어 분양가격 할인 혜택을 주기도 한다. 시장이 회복되기 전 건설사에서 저렴한 가격으로 내놓은 좋은 입지의 신축 아파트 분양권을 매입해 시세차익을 노릴 수 있다. 청약 시장을 보는 것은 좋은 매물을 잡을 수 있고, 저평가 지역을 찾는 데 필수다. 청약 경쟁률은 '한국부동산원 청약홈'에서 확인한다. 청약홈에서 경쟁률뿐만 아니라 일정, 자격 등 다양한 정보를 알 수 있다.

> **청약 경쟁률 보는 법**
> 한국부동산원 청약홈 ▶ 청약일정 및 통계 ▶분양정보/경쟁률

자료 3-23. 청약홈 분양정보/경쟁률

출처 : 한국부동산원 청약홈

원하는 지역을 선택하면 설정된 기간에 청약을 한 단지들이 나온다. 맨 우측의 '경쟁률' 버튼을 누르면 새 창과 함께 경쟁률을 확인한다. 기간이 지난 청약 경쟁률을 확인하고 싶다면 상단에 날짜를 조정해서 확인할 수 있다.

다음 자료 3-24는 청약홈에서 확인한 2023년 1월 2일부터 4일까지 진행된 창원 롯데캐슬 포레스트 1BL 단지다. 84A 타입의 경우 공급세대수는 158세대인데, 40.17 : 1 경쟁률이 확인된다. 이 수치는 158세대에 무려 6,347명이 신청한 결과다.

자료 3-24. 청약접수 경쟁률

창원 롯데캐슬 포레스트 1BL

청약접수 결과 입주자모집공고에 명시한 일반공급 가구수 및 예비입주자선정 가구 수에 미달 시 후순위 청약접수를 받습니다.

※ 전체내용이 안보일경우 좌우 스크롤을 이용하여 확인해주세요.

주택형	공급 세대수	순위		접수 건수	순위내 경쟁률 (미달 세대수)	청약결과	당첨가점			
							지역	최저	최고	평균
084.9871 A	158	1순위	해당지역	6,347	40.17	1순위 마감(청약 접수 종료)	해당지역	54	64	57.09
			기타지역	438	-					
		2순위	해당지역	0	-		기타지역	0	0	0
			기타지역	0	-					
084.9928 B	114	1순위	해당지역	1,039	9.11	1순위 마감(청약 접수 종료)	해당지역	40	64	45.72
			기타지역	123	-					
		2순위	해당지역	0	-		기타지역	0	0	0
			기타지역	0	-					
084.9995 C	66	1순위	해당지역	794	12.03	1순위 마감(청약 접수 종료)	해당지역	40	62	47.56
			기타지역	66	-					
		2순위	해당지역	0	-		기타지역	0	0	0
			기타지역	0	-					

출처 : 한국부동산원 청약홈

자료 3-25. 청약접수 경쟁률 84D

주택형	공급 세대수	순위		접수 건수	순위내 경쟁률 (미달 세대수)	청약결과	지역	최저	최고	평균
084.9911 D	20	1순위	해당지역	1,795	89.75	1순위 마감(청약 접수 종료)	해당지역	60	66	61.63
			기타지역	123	-					
		2순위	해당지역	0	-		기타지역	0	0	0
			기타지역	0	-					

출처 : 한국부동산원 청약홈

앞의 자료 3-25를 보면, 84D 같은 경우 20세대를 공급했으며, 경쟁률은 89.75 : 1을 기록했다. 2023년 1월은 부동산 분위기가 가장 좋지 않은 시기였지만, 놀라운 경쟁률을 보이면서 청약 시장을 들썩이게 했다. 뉴스와 신문에서도 많은 기사가 쏟아졌다. 이렇게 해당 청약 경쟁률을 확인하면 그 지역을 가지 않아도 부동산 분위기가 직접 와닿을 수 있다.

📍 거래량 파악

부동산에서 거래량은 주식과 마찬가지로 시장의 방향을 판단하는 데 중요한 지표다. 멈췄던 거래량이 조금씩 움직이면 시장이 살아난다는 신호로 해석한다. 다만 하락장에서 상승장으로 회복하기 위해서는 단기간 상승하는 것이 아닌 꾸준한 상승이 필요하다. 예시로 ○○ 지역에 이번 달 거래량이 2,000건이라면, 시장이 돌아서기 위해서는 더 많은 거래 지속되어야 한다. 다음 달은 이번 달보다 거래량이 많아야 한다(2,000건 이상). 거래량이 증가하는 것은 매수가 활발해지는 뜻과 같지만, 그만큼 매도도 활발해지는 것과 같다. 항상 부동산지인의 '시장강도'와 '매매지수'를 함께 보며 매매지수가 상승하는지 봐야 한다.

오랜 기간 하락기를 가진 지역은 거래량의 변동 폭이 심하다. 하락장은 불안한 시장인 만큼 매도자와 매수자는 금리, 대출 등 다양한 지표들로 엎치락뒤치락한다. 악재들이 해소되면 거래량이 꾸준히 증가하는 모습을 보이는 순간이 포착된다. 평균 거래량을 돌파해서 솟아오르는 시기다. 여러 차례 투자자들이 매집한 순간이다. 이때는 이미 좋은 매물과 저렴한 가격대의 아파트들은 소화됐을 수 있다. 커뮤니티에서도 거래량이 증가하고, 급매물이 사라졌다는 이야기가 돌아다닌다. '이제 하락장이 끝났나?' 하는 사람들의 심리가 조금씩 꿈틀거린다.

> **부동산 거래량 보는 법**
> 1. 부동산지인 ▶ 지인빅데이터 ▶ 거래량 ▶ 지역 선택
> 2. 한국부동산원 부동산통계정보시스템 ▶ 부동산 거래현황 ▶ 아파트 매매 거래현황

자료 3-26. 대구시 매매가격, 거래량 그래프

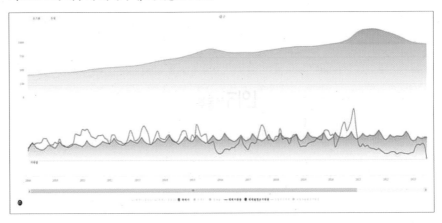

출처 : 부동산지인

자료 3-26은 부동산지인의 지역분석 차트에서 거래량과 매매가격을 포함한 차트다. 2015년에 거래량이 급하게 하락해서 평균 거래량을 밑도는 모습을 보인다. 거래량이 감소하니 꾸준히 상승하고 있던 매매가격 차트가 살짝 주춤하는 모습이다. 2016년부터 회복세를 찾고 거래량이 증가하기 시작한다. 매매가격도 함께 2020년까지 천천히 상승하는데, 이때 2020년 5월부터 2020년 12월까지 평균 거래량을 치솟는 차트를 보여준다. 그 결과 매매가격은 또다시 상승

했다. 이후에 거래량이 평균 이하로 하락해 꾸준히 거래량이 감소하니 매매가격도 다시 하락하는 모습을 보여준다. 자료 3-27은 한국부동산원 부동산통계정보시스템의 부동산 거래현황인데, 아파트 매매 거래현황을 비롯한 다양한 거래현황을 살펴볼 수 있다.

> 한국부동산원 부동산통계정보시스템 ▶ 부동산 거래현황 ▶ 아파트 매매 거래현황

자료 3-27. 아파트 매매 거래현황 보기

출처 : 한국부동산원 부동산통계정보시스템

📍 매수우위지수 파악

매주 KB부동산에서 매월 자료가 업로드된다. 그중 거래량과 비슷한 모양을 가지는 매수우위지수가 있다. KB부동산에서 제공하는 매수우위지수는 0~200

범위로 표시된다. 지수가 100을 초과할수록 '매수자가 많다'를, 100 미만일 경우 '매도자가 많다'를 의미한다. 쉽게 말해 '지수가 높을수록 매수자가 증가한다'라는 뜻이므로 거래량과 유사하게 움직인다. 매수자가 많을수록 거래량이 증가하기 때문이다. 매도자가 매수자보다 많을 때는 집을 사는 사람이 부족하다는 뜻으로 당연히 그만큼 거래량이 감소한다.

매수우위지수 보는 법
1. KB부동산 ▶ 로그인 ▶ 메뉴 'KB통계' ▶ 월간통계 ▶ 월간시계열 다운로드
2. 아실 ▶ 매수심리 ▶ 아파트 매매 거래현황

자료 3-28. KB 월간시계열   자료 3-29. 대구 매수우위지수

출처 : KB부동산   출처 : 아실

매수우위지수는 KB부동산과 아실에서도 확인할 수 있다. KB부동산은 엑셀 파일로 제공해 마음대로 가공하고, 각자 스타일대로 그래프를 만들 수 있는 장점이 있다. 아실도 KB부동산에서 제공받은 자료로 그래프로 보여준다. 이미 만

들어진 그래프를 보여주기 때문에 시간 절약도 되고, 원하는 기간을 마음대로 설정할 수 있다. 자료 3-29는 아실에서 제공한 2020년 7월에서 2023년 7월까지 대구 매수우위지수다. 2021년 상승장 때 매수우위지수는 120 이상 돌파했다. 매수자가 매도자보다 많았다는 뜻이다.

이후 매수심리가 얼어붙으며, 매수우위지수도 덩달아 감소해 10 이하까지 내려갔다. 거래량도 유사한 모양을 그려 나간다. 2023년 7월 기준, 대구는 바닥을 다지며 보합세를 유지했다. 이렇게 거래량과 함께 방향성이 변하는지 확인하는 게 중요하다. **매수우위지수가 증가하는 것은 주변에 매도하는 사람보다 사는 사람이 많아지고 있다는 뜻이다.** 자연스럽게 거래량 증가와 집값 상승까지 이어지게 된다. 거래량과 마찬가지로 단기간 상승이 아닌 꾸준한 상승세가 지속되는지 중요하다.

외부인 투자

아파트는 실거주 수요만 있어서는 가격이 오르기 쉽지 않다. 아파트 가격이 오르려면 투자 수요도 함께 높아야 아파트 가격이 오른다. 이렇게 아파트 가격은 실거주 가치 + 투자 가치로 만들어진다. 투자 수요는 '매수자의 거주지'를 통해 예측할 수 있다. 타지에 거주하는 외지인들이 투자한다는 것은 그 지역에 살지도 않고 매수하는 것이므로 실거주보다는 투자성이 크다. 외지인 투자를 확인하는 방법은 한국부동산원 부동산통계 정보시스템(R-ONE)과 아실에서 확인할 수 있다.

자료 3-30은 한국부동산원에서 제공하는 '월별 매입자 거주지별' 데이터로, 2023년 3월 대구 매입자 거주지 현황을 나타낸 자료다. 매입자 거주지 종류는 총 4가지가 있다. 각자 의미하는 바가 다르다. 매입자가 거주하는 지역에 따라 투자용인지, 실거주를 위한 매수인지 유추할 수 있다.

(1) 관할 시군구 내

관할 시군구 내는 해당 지역 '구'에서 거주하는 사람이 매입한 숫자다. 2023년 11월 대구 관할 시군구 내 수치는 1,423으로 나타나는데, 대구 중구에 사는 사람이 대구 중구에 있는 아파트를 구매한다면 항목에 집계되는 수치다. 즉 같은 '구'에 사는 사람이 매수한 것으로 **실거주 매수 확률이 높다.**

자료 3-30. 월별 매입자 거주지별 데이터

지역	매입자 거주지	'23.11	'23.12
대구	매입자 거주지별_합계	2,688	2,075
	관할 시군구내	1,423	1,125
	관할 시도내	775	566
	관할 시도외_서울	31	31
	관할 시도외_기타	459	353

월별 매입자거주지별 (단위: 호수,천㎡) Q 통계설명

조회결과 ※ 조사·통계 문의: 부동산분석처 거래분석부(053-663-8569, 8526)

출처 : 한국부동산원

(2) 관할 시도 내

관할 시도 내란 '해당 시군구 물건을 해당 시군구는 아니지만, 해당 시도에 거주하는 사람이 매입'한 것으로 대구시 중구에 살지는 않지만, 대구시에 거주하는 사람이 대구 중구의 아파트를 매수한다면 집계되는 수치다. 이 경우 실거주와 투자 둘 다 포함된 수치가 될 수 있지만, **같은 시에서 구매한 경경우라서 실거주 확률이 더 높다.**

(3) 관할 시도 외_서울

관할 시도 외_서울은 '해당 시군구 물건을 서울에 거주하는 사람이 매입'한 것이다. 대구 아파트를 서울에 거주한 사람이 매수한 것으로, 서울 사람이 다른 지역의 아파트를 매수한 것이다. 이 수치는 **실거주보다 투자 확률이 매우 높다.**

(4) 관할 시도 외_기타

관할 시도 외_기타는 '해당 시군구 물건을 해당 시도 및 서울에 거주하지 않는 사람이 매입'한 것이다. 서울에도 거주하지 않으며, 대구에도 거주하지 않는 타 지역 사람이 대구 아파트를 매수한 것으로 이것 또한 **투자의 확률이 매우 높다.**

여기서 **우리가 확인할 것은 관할 시도 외_서울, 관할 시도 외_기타 수치다.** 해당 지역에 이 2가지가 꾸준히 증가한다는 것은 무슨 뜻일까? 전국 투자자들이 관심 있게 보는 지역으로 해석할 수 있다. 투자자들은 언제나 실거주 매수자보다 발 빠른 움직임 때문에 다른 수치보다 빠른 움직임을 보여준다. 아실에서도 외지인 거래를 확인할 수 있다. 아실에서는 외지인 거래량이 많은 지역을 순위별로 알 수 있어서 한눈에 파악할 수 있다. 지역을 클릭하면 그래프로 보여주기 때문에 편리하다.

    그렇다면 부동산에서 심리가 왜 중요할까? 매수자와 매도자는 늘 서로 다른 입장이다. 매도자는 오랫동안 정든 집을 싸게 팔기 싫다. 매수자는 어떻게서든 싸게 사면 좋다. 결국 아파트 가격은 이러한 상황 때문에 매수자와 매도자의 서로 다른 간극을 보인다. 아파트 가격은 그 간극 차이를 좁혀 '모두 만족하는 지점의 결과물'이다. 그만큼 부동산이 현재 어떤 분위기를 가지며, 시장에 참가한 사람들이 '어떤 심리를 가졌는가?'는 아파트 집값을 결정하는 가장 큰 요소다.

부동산 투자의 핵 중
하나는 일자리다

월급 1,000만 원인 직장인과 300만 원인 직장인의 삶의 질은 차이가 날 수밖에 없다. 주변만 둘러봐도 고액 연봉자들은 입는 옷, 타는 차도 다르다. 동네와 아파트 또한 흔한 직장인보다 더 좋은 곳에 산다. 소득이 늘어나면 소비도 함께 늘어나고, 남들보다 더 좋고 비싼 아파트를 선택할 수 있다. 그들을 부러워하기보다 부자들의 소비를 부동산 투자에 접목해보자. 과연 내가 좋은 회사에 다니며 고액 연봉을 받는다면 어떤 아파트를 선택할까? 양질의 직장이 많은 지역은 어떻게 될까? 당신이 만약 대기업을 다닌다고 생각해보자. 주변 지인들보다 고액 연봉을 받는다면 어디에 살고 싶은가? 아마 아래와 같을 것이다.

- 회사가 바로 앞이거나 출퇴근 교통이 편한 곳
- 자녀 교육을 위해 좋은 학군과 가까운 학원가가 있는 지역
- 편의시설이 많아 걸어서 마트를 가며 여가시설도 많은 곳
- 눈앞에 강변과 산이 있어서 전망이 좋은 곳
- **모두가 부러워하는 곳**

개인별로 우선순위가 조금 다를 수는 있다. 그렇더라도 돈이 많다면 5가지 항목이 전부 포함된 지역과 아파트에 살고 싶을 것이다. 모두 똑같다. 양질의 회사가 많고, 고액 연봉자들이 많이 거주하는 지역은 다른 지역보다 소비가 활발하다. 그들의 소비로 인해 자연스럽게 그 지역 인프라와 상권이 살아난다. 주변 환경이 발전될수록 다른 지역 거주자들도 살고 싶어 하는 지역이 되고, 커뮤니티에 살기 좋은 곳이라고 소문이 난다. 그 소유 심리는 자연스럽게 집값 상승을 유발한다.

예를 들어보자. A와 B라는 지역이 있다. 두 지역은 지리학적으로 유사하다. A지역에 회사는 10개, 평균 연봉이 5,000만 원이다. B지역은 기업이 20개에 연봉이 7,000만 원이다. A와 B지역에 같은 입지 조건에 똑같은 아파트를 짓는다면, 훗날 집값 상승의 가능성과 상승장 때 상승률은 어떤 차이를 보이게 될까? 당연히 B지역이 더 많이, 더 비싸게 오를 것이다. 여기에 몇 년간 공급이 많아 집값이 폭락했고, 추가적 공급 계획이 없어 공급이 부족할 전망이 판단되면 반드시 오르는 저평가 지역이 된다. 일자리가 많이 분포된 지역은 '통계지리정보서비스'에서 확인할 수 있다.

일자리가 많은 지역 찾는 법
통계지리정보서비스 ▶ 분석지도 ▶ 기업생태 분석지도

통계지리정보서비스 사이트에 들어가면 내가 설정한 조건으로 지도에 색상별로 나타난다. 자료 3-31은 2021년 기준 전체 업종을 모두 포함해서 기업이 많은 지역을 나타낸 사진이다. 기업이 많을수록 색상이 진해진다. 역시나 수도권 주변에 많은 기업이 분포해 있다. 수도권 쏠림 현상은 결국 일자리 쏠림 현상 때문에 일어나고 있음을 보여준다. 지도 아래에 있는 범위 영역을 설정하면 '지역 순위 구간별로 설정'이 가능하다. 자료 3-32는 전국에서 기업이 많은 지역 100위까지 필터링 된 지도다. 우리가 주목해야 할 곳을 좀 더 한눈에 파악할 수 있다.

자료 3-31. 기업생태 분석지도

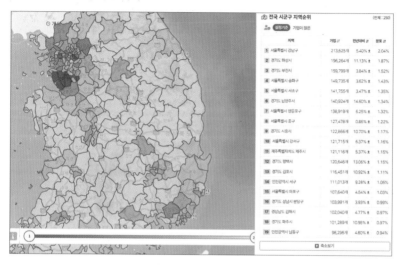

출처 : 통계지리정보서비스

자료 3-32. 기업이 많은 지역 100위 지도

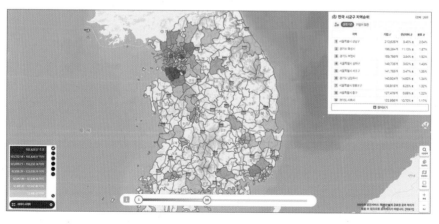

출처 : 통계지리정보서비스

자료 3-33. 업종이 많은 지역(경기도 화성시)

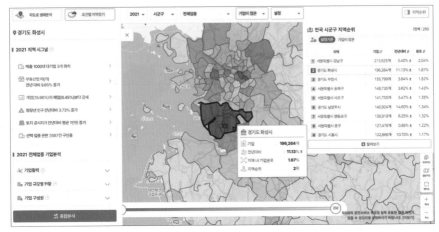

출처 : 통계지리정보서비스

자료 3-33은 수도권 쪽으로 확대한 사진이다. 업종이 많은 지역을 농도에 따라 보여준다. 눈에 띄는 곳은 바로 '경기도 화성시'다. 지역을 클릭해보자. '지역 시그널'이라는 탭이 나온다. 경기도 화성시에 '매출 1,000대 대기업 3개 위치'라는 정보를 얻을 수 있다. 실제로 화성시는 삼성전자, 현대, 기아차, LG전자 등 대규모 기업들이 위치한다. 청장년 인구는 전년 대비 3.73% 증가했다. 인구 감소와 무관하게 기업이 많은 곳은 인구가 꾸준히 유입되는 모습이다. 화성시의 성장률은 기사를 검색해도 나타난다.

2022년 3월 15일 〈리얼캐스트〉 기사에 따르면, 실제로 화성시는 최근 10여 년간 전국 인구증가율, 지방자치 경쟁력지수 등 여러 분야에서 1위를 차지했다. 2015년에는 글로벌 컨설팅사인 맥킨지가 선정한 '2025년 세계 7대 부자 도시' 가운데 화성시는 카타르의 도하와 노르웨이의 베르겐과 프론헤임에 이어 4위에 이름을 올렸다. 화성시 선정 이유로는 삼성전자, 현대, 기아차, LG전자 등 대기업 산업단지가 위치한 것, 동탄신도시 등 다수의 택지지구 조성, 테마파크(계획) 조성 등을 꼽았다.

자료 3-34. 경기도 화성시 종합분석

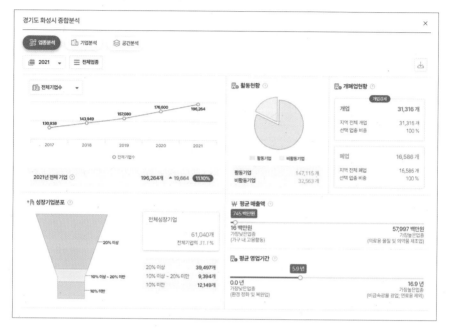

'지역 시그널' 탭 아래에 있는 종합분석을 누르면, 자료 3-34처럼 보기 좋게 한 페이지로 분석한 리포트가 나온다. 전체 기업 수는 2017년부터 계속되는 가 파른 상승세가 지속되고 있다. 개·폐업 현황에서는 '개업 강세'와 함께 폐업보다 많은 기업이 개업하고 있다. 전체 성장기업도 전체 기업의 31.1%나 될 만큼 높 은 비중을 차지한다. 앞서 설명한 저평가 내비게이션과 함께 저평가 시그널이 포착되면, 양질의 일자리가 창출하는 바로 이런 곳이 우리가 투자해야 할 '반드 시 오르는 지역'이다.

그러면 수도권을 제외한 지방에도 대기업이 많은 지역이 있을까? 이것 역시 큰 노력 없이 금방 찾을 수 있다. 대구 달성군은 매출 1,000대 대기업 5개, 울산 남구는 매출 500대 대기업 8개, 창원시 성산구에는 무려 9개나 위치한다. 창원은 광역시가 아님에도 대기업이 9개나 위치하는 것이 눈에 띈다. 종합분석을 살펴보니 창원 성산구도 마찬가지로 전체 기업 수가 증가하는 추세며, 수도권보다 낮은 수치지만 개업 강세의 모습을 나타낸다. 이렇게 지방에서도 경제 전망이 좋은 지역을 발견할 수 있다.

자료 3-35. 경상남도 창원시 성산구 종합분석

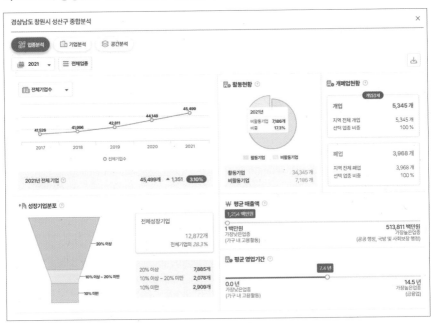

출처 : 통계지리정보서비스

1. 일자리 호재가 진정한 부동산 호재다

2023년 4월 13일 〈서울경제〉 '일자리가 최고 호재…산단 인근 단지 훈풍[집 슐랭]' 기사에는 부동산 시장에 찬바람이 지속되는 가운데서도 산업단지 후보 지 인근 부동산 시장에 훈풍이 불고 있다고 전한다. 국가첨단산단과 같이 대규 모 투자를 통해 일자리가 창출되는 지역은 직주 근접 수요가 늘어날 것이라는 기대가 호재로 작용하고 있다는 것이다. '반도체 클러스터' 수혜 기대로 동탄 파 크리스 A55BL 청약 평균 경쟁률은 7.8대 1이고, 용인 처인구 집값은 3주째 상 승하고 있다고 보도했다. 또한, 천안 남평택·두정역 일대는 모빌리티 호재에 호 가 1억 원이 상승했다고 한다.

자료 3-36. 국가산업단지 주요 후보지 아파트 매매가격지수 변동률

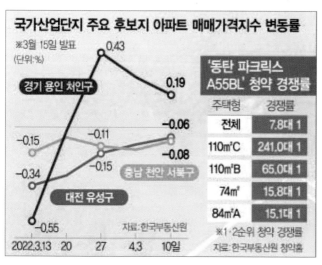

출처 : 한국부동산원 청약홈, 〈서울경제〉

해당 지역 매매 시장도 들썩여서 한국부동산원에 따르면, 용인시 처인구 아

파트 매매가격지수는 산단 후보지 발표 전까지만 해도 전주 대비 0.55% 하락했지만, 발표 직후 낙폭이 -0.02%로 줄어들었다.

기사를 정리하면, 국가첨단산단과 같은 대규모 투자 발표 전후 큰 변화가 나타났다. 일자리 호재는 교통 호재에 견줄 만한 해당 지역의 굉장한 호재로 작용한다. 그만큼 집값에 상당히 예민하게 반응한다. 반대로 해당 지역에 '대기업 이전'과 같은 뉴스 기사는 부동산에 큰 악재로 작용한다. 이처럼 지역을 선정할 때 대기업이 유치되어 있는지, 앞으로 국가산업단지에 대규모 투자가 발생하는지 파악하는 것은 매우 중요하다. **이런 이유로 부동산 투자를 위해서 신문과 뉴스를 항상 봐야 한다.**

그렇다면 용인시는 일자리 호재가 생긴 뒤 실제로 어떻게 집값이 변하고 있을까? 자료 3-37은 부동산지인 '지역분석' 탭을 이용한 용인시 처인구의 그래프다. 2022년 1분기부터 하락세를 보인다. 다른 상승 요소도 분명히 존재하겠지만, 일자리 창출과 투자 유치를 위한 상당한 노력으로 2023년 1월부터 매매가

자료 3-37. 용인시 처인구 매매, 전세 그래프

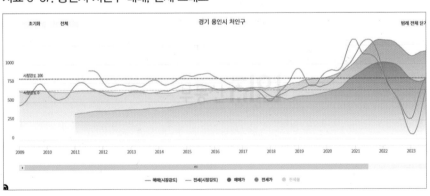

출처 : 부동산지인

격은 방향을 전환했다. 전세가격도 마찬가지로 하락 기울기가 완만해지는 모습을 보여준다. 전국이 같은 시기에 함께 하락했지만, 일자리 호재가 있는 용인시는 다른 지역보다 방향 전환과 상승 속도가 남다른 것을 알 수 있다.

그렇다면 지역별 일자리 호재와 국가산단 투자 소식은 어떻게 접해야 할까? 초보자는 자기 거주지부터 먼저 파악해보자. 우리 지역에 어떤 기업이 존재하는지, 국가산업단지가 있다면 어떤 업종의 회사들이 존재하는지 말이다. 전국에 산업단지의 현황과 실적은 한국산업단지공단에서 확인할 수 있다. 홈페이지에 많은 자료를 제공하는데 산업단지 현황, 통계, 산업단지 지도 등 투자에 많은 도움이 된다. 투자할 지역의 산업단지가 어떤 종류인지, 고용인구와 실적이 좋은지 파악이 필요하다. 해당 단지에 무슨 산업과 기업이 주류인지 아는 것도 중요하다. **부동산은 경제 공부를 같이 해야 한다.**

한국산업단지공단 자료 이용법
주요사업 ▶ 정책지원 ▶ 산업입지 정책조사 · 연구 ▶ 정기간행물

다음 자료 3-38은 한국산업단지공단 산업입지연구소에서 제공한 전국 산업단지 현황지도(2022년 12월 말 기준)다. 자료와 같이 전국에 많은 산업단지가 존재한다.

산업단지의 종류는 크게 4가지로 나뉜다. 2023년 1분기 기준 전국산업단지 현황통계 보고서에 따르면 국가 47단지, 일반 712단지, 도시 첨단 41단지, 농공 476단지로 일반산업단지가 가장 많다. 면적과 입주 및 고용지수는 국가산업단지가 가장 높다. 전국산업단지 현황 보고서는 '산업단지 통계' 탭에서 다운로드한다.

자료 3-38. 전국 산업단지 현황지도

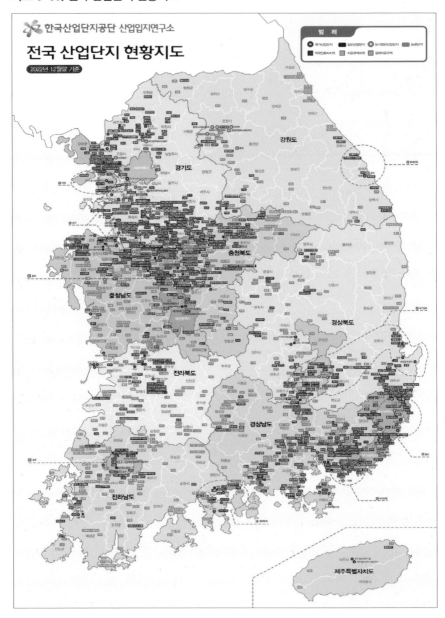

출처 : 한국산업단지공단 산업입지연구소

산업단지 통계(전국산업단지현황통계)

🏠 > 주요사업 > 입주기업 혁신성장 지원 > 산업입지정책 조사·연구

산업입지연구소	연구보고서	정기간행물	산업단지 통계

전국산업단지현황통계 국가산업단지산업동향

전국산업단지현황통계 통계표(23.1분기)

2023-06-14 17:35:01

🔗 (연간보정)산업단지현황조사_2023년1분기(게시용)_23.8수정.xlsx , 🔗 (연간보정)산업단지현황조사_2023년1분기(게시용)_23.8수정.pdf ,
🔗 03_23년1분기 게시용-홈페이지(연간보정).hwp

2023.1분기 조사 결과입니다.
많은 활용 바랍니다.
* (연간보정) 기 발표된 통계표가 23년 8월 24일자로 변경되었음을 알려드립니다.
통계표는 추후 변동될 수 있습니다.
공공데이터포털(www.data.go.kr)에서도 해당자료를(CSV형태) 보실 수 있습니다.
감사합니다.

2023년 1분기 전국산업단지 현황통계 요약

(1) 조 성 및 분양(천㎡) (단위 : 개, 천㎡, %)

단지유형	단지수	지정면적	관리면적	산업시설구역				
				전체면적	분양대상	분양	미분양	분양률(%)
국가	47	781,691	469,121	302,053	273,272	268,543	4,729	98.3
일반	712	560,484	551,642	339,014	268,952	253,870	15,082	94.4
도시첨단	41	11,135	11,110	4,912	3,463	2,714	749	78.4
농공	476	77,566	77,061	58,488	56,351	54,464	1,887	96.7
총합	1,276	1,430,876	1,108,934	704,467	602,038	579,591	22,447	96.3

주1) 전체면적은 미개발면적을 포함한 산업시설구역 총 면적을 의미하며, 분양대상은 산업시설구역 중 조성된 면적
(미개발면적제외), 분양률은 분양대상용지 중 분양된 면적의 비율임

(2) 입주 및 고용 (단위 : 개사, 명)

	입주계약업체(A)	가동업체(B)	남	녀	고용(계)
국가	61,532	56,824	866,659	210,033	1,076,692
일반	47,455	44,359	797,208	250,533	1,047,741
도시첨단	2,565	2,125	15,118	6,948	22,066
농공	8,103	7,470	111,240	43,649	154,889
총합	119,655	110,778	1,790,225	511,163	2,301,388

2023년 1분기 전국산업단지 시도별 현황

(단위 : 개, 천㎡, 명, 백만원, 천달러, %)

| 구분 | 단지수 | 지정면적 | 관리면적 | 산업시설구역 | | | | | 입주업체 | 가동업체 | 고용 | 누계생산(백만원) | 누계수출(천달러) |
				전체면적	분양대상	분양	미분양	분양률					
국가	국가 총47개	781,691	469,121	302,053	273,272	268,543	4,729	98	61,532	56,824	1,076,692	168,960,345	56,432,358
일반	일반 총712개	560,484	551,642	339,014	268,952	253,870	15,082	94	47,455	44,359	1,047,741	122,867,056	43,673,688
도시첨단	도시첨단 총41개	11,135	11,110	4,912	3,463	2,714	749	78	2,565	2,125	22,066	1,046,834	146,598
농공	농공 총476개	77,566	77,061	58,488	56,351	54,464	1,887	97	8,103	7,470	154,889	16,149,437	3,182,602
총합	총1276개	1,430,876	1,108,934	704,467	602,038	579,591	22,447	96	119,655	110,778	2,301,388	309,023,672	103,435,246
서울국가	1개	1,925	1,925	1,448	1,448	1,448	-	100	13,272	12,112	140,328	3,462,577	675,714
서울일반	3개	1,360	1,360	879	852	726	126	85	396	327	40,394	30,000	2,000
서울소계	총4개	3,285	3,285	2,327	2,300	2,174	126	95	13,668	12,439	180,722	3,492,577	677,714
부산국가	1개	8,841	8,814	4,317	4,317	4,317	-	100	1,491	1,283	28,134	3,133,891	972,122
부산일반	30개	33,878	33,324	17,524	16,746	15,662	1,084	94	7,234	7,046	92,019	11,176,246	2,072,129
부산도시첨단	5개	2,857	2,857	747	439	161	278	37	346	346	3,751	342,218	10,934
부산농공	1개	258	258	189	189	189	-	100	35	35	1,618	153,497	19,510
부산소계	총37개	45,834	45,253	22,777	21,691	20,329	1,362	94	9,106	8,710	125,522	14,805,852	3,074,695
대구국가	1개	8,559	7,479	4,943	3,201	3,050	151	95	273	150	4,326	1,556,749	661,150
대구일반	16개	35,351	34,250	18,729	18,394	17,251	1,143	94	9,565	9,444	109,749	7,769,926	1,631,833
대구도시첨단	3개	345	345	203	98	25	73	26	-	-	-	-	-
대구농공	2개	355	355	290	290	290	-	100	66	66	1,088	91,495	7,915
대구소계	총22개	44,610	42,429	24,165	21,983	20,616	1,367	94	9,904	9,660	115,163	9,418,170	2,300,898
인천국가	2개	11,360	11,360	7,377	7,377	7,377	-	100	10,905	10,575	107,940	9,605,253	1,401,652
인천일반	12개	9,152	9,139	5,437	5,437	5,040	397	93	2,536	2,400	42,221	3,391,532	663,734
인천도시첨단	2개	1,404	1,399	724	645	416	229	65	515	413	1,865	94,884	15,822
인천소계	총16개	21,916	21,898	13,538	13,459	12,833	626	95	13,956	13,388	152,026	13,091,669	2,081,208
광주국가	2개	11,836	5,141	3,858	3,858	3,615	243	94	2,214	1,452	20,619	1,724,396	750,344
광주일반	9개	20,109	20,101	12,160	11,024	10,901	123	99	2,575	2,449	47,191	7,659,005	1,300,958
광주도시첨단	2개	521	521	242	221	166	55	75	7	5	60	-	-
광주농공	1개	324	324	262	262	262	-	100	64	64	1,602	127,441	30,254
광주소계	총14개	32,790	26,087	16,522	15,365	14,944	421	97	4,860	3,970	69,472	9,510,842	2,081,556
대전국가	1개	49,683	49,683	23,731	20,447	20,447	-	100	1,552	1,544	37,723	2,712,353	719,605
대전일반	3개	3,483	3,483	2,286	1,795	1,795	-	100	455	445	5,329	877,738	168,526
대전도시첨단	2개	104	105	44	-	-	-	-	-	-	-	-	-
대전소계	총6개	53,270	53,271	26,061	22,242	22,242	-	100	2,007	1,989	43,052	3,590,091	888,131
울산국가	2개	74,383	66,108	51,619	51,138	51,138	-	100	1,109	938	111,997	51,657,273	20,452,339
울산일반	22개	16,102	15,202	9,175	6,888	6,546	342	95	750	653	18,454	2,199,580	442,022
울산도시첨단	1개	317	317	133	-	-	-	-	-	-	-	-	-
울산농공	4개	592	592	458	458	458	-	100	134	133	2,999	231,001	24,262
울산소계	총29개	91,394	82,219	61,385	58,484	58,142	342	99	1,993	1,724	133,450	54,087,854	20,918,623
세종일반	13개	9,048	9,047	5,974	4,638	4,638	-	100	138	129	10,801	1,984,909	474,433
세종도시첨단	1개	822	822	520	520	434	86	83	29	27	325	12,234	5
세종농공	4개	563	561	439	439	439	-	100	25	23	1,375	175,203	15,206
세종소계	총18개	10,433	10,430	6,933	5,597	5,511	86	98	192	179	12,501	2,172,346	489,644
경기국가	5개	172,901	57,664	30,677	30,347	30,347	-	100	21,925	21,360	285,617	27,578,611	6,215,064
경기일반	175개	75,672	75,547	47,460	35,753	34,318	1,435	96	11,659	10,572	268,485	27,474,992	11,517,231
경기도시첨단	11개	1,949	1,932	827	390	362	28	93	1,488	1,169	13,065	306,378	80,375
경기농공	1개	117	117	117	117	117	-	100	4	4	188	38,322	49
경기소계	총192개	250,639	135,260	79,081	66,607	65,144	1,463	98	35,076	33,105	567,355	55,398,303	17,812,719
강원국가	1개	4,278	1,861	1,221	1,221	1,213	8	99	69	47	945	20,172	80
강원일반	25개	14,881	14,876	9,479	7,794	6,958	836	89	666	589	10,774	1,046,641	158,075
강원도시첨단	6개	465	464	195	143	143	-	100	33	30	1,119	4,995	61
강원농공	45개	7,137	7,123	5,121	5,032	4,947	85	98	1,275	1,170	20,065	1,286,705	240,568
강원소계	총77개	26,761	24,324	16,016	14,190	13,261	929	93	2,043	1,836	32,903	2,358,513	398,784
충북국가	2개	9,011	6,774	2,540	2,540	2,540	-	100	74	64	6,256	826,411	184,125
충북일반	88개	75,350	71,344	41,597	30,044	29,084	960	97	2,212	1,878	100,861	14,926,828	6,966,022
충북도시첨단	2개	273	272	201	201	201	-	100	70	66	444	4,510	756
충북농공	43개	6,224	6,170	4,998	4,897	4,848	49	99	469	423	14,927	2,275,206	505,466
충북소계	총135개	90,858	84,560	49,336	37,682	36,673	1,009	97	2,825	2,431	122,488	18,032,955	7,656,369
충남국가	5개	28,139	23,895	13,309	11,513	9,980	1,533	87	356	227	7,568	1,789,341	550,116
충남일반	66개	74,932	74,786	47,257	38,343	36,817	1,526	96	1,504	1,312	95,920	25,774,071	13,342,581
충남도시첨단	3개	1,633	1,633	885	685	685	-	100	10	10	326	13,230	4,025
충남농공	93개	14,797	14,706	11,165	10,622	10,427	195	98	1,117	1,035	32,083	3,747,410	585,634
충남소계	총167개	119,501	115,020	72,616	61,163	57,909	3,254	95	2,987	2,584	135,897	31,324,052	14,482,356
전북국가	6개	88,226	44,118	28,820	19,706	19,197	509	97	1,413	1,146	17,271	2,840,144	649,870
전북일반	23개	33,909	33,718	22,579	21,025	19,811	1,214	94	1,378	1,317	47,473	5,472,200	982,410
전북도시첨단	1개	110	110	39	39	39	-	100	66	58	462	85,971	1,056
전북농공	60개	11,279	11,252	8,680	8,331	7,588	743	91	1,057	1,014	16,421	1,970,202	163,431
전북소계	총90개	133,524	89,198	60,118	49,101	46,635	2,466	95	3,914	3,535	81,627	10,368,517	1,796,767
전남국가	5개	174,906	78,013	55,680	52,021	51,211	810	98	910	794	47,136	27,041,350	10,381,595
전남일반	31개	40,238	39,487	25,369	19,025	16,521	2,504	87	1,340	1,090	31,895	3,206,010	1,442,881
전남도시첨단	1개	190	190	70	-	-	-	-	-	-	-	-	-
전남농공	69개	11,895	11,796	8,627	7,832	7,485	347	96	1,432	1,317	16,886	1,636,720	541,535
전남소계	총106개	227,229	129,486	89,746	78,878	75,217	3,661	95	3,682	3,201	95,917	31,884,080	12,366,011
경북국가	6개	74,595	55,304	40,955	36,101	34,626	1,475	96	2,810	2,278	96,898	17,432,604	6,234,344
경북일반	78개	51,357	51,152	33,425	23,367	22,541	826	96	2,116	1,911	52,326	4,692,816	1,185,879
경북농공	69개	11,822	11,736	8,961	8,790	8,414	376	96	1,122	991	20,702	2,599,451	567,721
경북소계	총153개	137,774	118,192	83,341	68,258	65,581	2,677	96	6,048	5,180	169,926	24,724,871	7,987,944
경남국가	9개	61,101	49,064	30,789	27,662	27,662	-	100	2,956	2,651	160,803	17,347,679	6,578,548
경남일반	117개	65,465	64,629	39,596	27,739	25,173	2,566	90	2,913	2,779	73,669	5,175,030	1,322,472
경남도시첨단	1개	145	143	82	82	82	-	100	1	1	649	182,414	33,564
경남농공	81개	11,891	11,759	8,941	8,852	8,760	92	99	1,244	1,138	24,174	1,758,879	480,748
경남소계	총208개	138,602	125,595	79,408	64,335	61,677	2,658	96	7,114	6,569	259,295	24,464,002	8,415,332
제주국가	1개	1,947	1,918	769	375	375	-	100	203	203	3,131	231,541	5,690
제주일반	1개	197	197	88	88	88	-	100	18	18	180	9,532	502
제주농공	3개	312	312	240	240	240	-	100	59	57	761	57,905	303
제주소계	총6개	2,456	2,427	1,097	703	703	-	100	280	278	4,072	298,978	6,495

출처 : 한국산업단지공단 산업입지연구소

다운로드한 파일에 시도별, 전국산업단지 현황 등 많은 정보가 담겨 있다. '전국산업단지 시도별 현황' 탭을 보면 전국단지가 나온다. 그중 고용지수와 누계 생산, 누계 수출이 높은 단지 위주로 본다. 고용자 수도 많고 생산/수출이 높아 성장성이 우수한 지역을 찾는 것이다. 도시 인구수와 비례하는 것이 아니라 단지에 어떤 기업이 있고, 성장성이 좋은지에 따라 달라지기 때문에 광역시보다 작은 지방 도시에서도 발견할 수 있다. 지방 도시는 대도시보다 집값도 저렴해서 일자리까지 많다면 높은 수익률의 월세 투자와 함께 시세차익까지 노려볼 수 있는 좋은 투자다.

자료를 보다가 산업단지의 정확한 주소와 위치를 알고 싶다면 '네이버 지도'에서 확인한다. 우측에 '지적편집도'를 클릭하면 땅 용도별로 색상과 함께 산업단지 이름을 확인할 수 있다. 자료 3-40은 네이버 지도로 살펴본 창원시 지적편집도로 국가산업단지가 굉장히 넓다. 2023년 1분기 기준, 창원 국가산업

자료 3-40. 창원시 지적편집도

출처 : 네이버 지도

단지에 고용현황은 11만 명 이상, 누적 생산 14,378,406(100만 원), 누적 수출 4,361,168(1,000달러)로 집계된다. 지방임에도 높은 일자리와 생산/수출지수가 상당히 높다.

실적이 좋은 산업단지를 발견하면 추가적인 호재가 있는지 확인한다. 네이버에 '창원국가산업단지 투자', '창원국가산업단지', '창원 투자' 등 다양한 키워드로 검색하면 된다. 기업 투자 소식, 입찰 소식, 대규모 채용, 기업 실적, 신규 기업 입찰 등 산업단지에 새로운 정보를 찾는다. 특히 대규모 채용 소식과 산업단지에 기업 투자로 공장을 증축하거나 신규 채용한다는 기사는 부동산 투자에 좋은 시그널이 된다. 신규 채용은 2030세대가 해당 지역에 유입될 확률이 높다. 예를 들어 100명의 신규 직원을 채용하는 기업이 발생하면 1인 가구 100가구가 생길 수 있다.

일자리의 중요성과 전국에 있는 국가산업단지 현황과 호재 찾는 방법을 알아봤다. 산업단지의 호재와 성장은 그 지역의 경제 발전에 큰 역할을 한다. 경제 발전은 양질의 일자리를 만들어내고 고액 연봉자가 생긴다. 고액 연봉자는 결국 아파트 수요를 만들어내고 집값을 결정하게 된다. 결국 부동산을 공부할 때 네이버 부동산만 보는 것이 아니라, 우리나라의 경제 상황을 함께 봐야 한다. 올해와 향후 반도체 산업의 전망이 어떤지, 실적이 개선되고 있는지, 미래에 떠오르는 산업군은 무엇인지 알고 있다면, 향후 유망한 부동산 투자 지역을 찾은 것과 같다.

오랫동안 하락한 지역의
전세가격에 기회가 보인다

지역별 인구수, 입주 물량, 미분양 등 다양한 요소들로 아파트 가격은 각자 다른 사이클을 가진다. 하락장에서 상승장으로 전환할 때 공통점이 있다. 바로 **'전세가격 꿈틀거림'**이다. 오랫동안 하락한 지역에 미분양까지 발생하면 사람들은 청약뿐만 아니라 아파트에 관심이 사라진다. 이는 곧 집값이 내릴 것이라는 생각으로 바뀐다. 집이 필요한 사람들도 분위기에 휩쓸려 매매보다는 전세를 택하는 사람이 늘어난다. 전세가격이 많이 하락했기 때문에 세입자는 집을 구하는 데 매우 좋은 시기라고 생각한다. 전세가격 상승 원리와 전세가격 확인 방법에 대해 알아보자.

1. 중심지부터 번지는 전세의 파동

하락장에는 공급초과와 미분양 발생으로 전세 매물이 상당히 쌓인다. 어느 부동산 중개사무소에 가더라도 매매와 전세 물량이 많아 1년 전 구축 전세가격으로 신축과 더 큰 평수의 전세를 선택할 수 있다. 오히려 매물이 많아 고르기가 어려울 정도다. 무주택자들은 역시 부동산은 이제 끝났다는 생각에 아파트를 살 이유를 더욱 못 찾는다. 하지만 건설사들이 바보인가? 아니다. 사기업은 수익성을 가장 중요하게 여긴다. 건설사는 공급이 많은 지역은 매매심리가 하락해 새 아파트를 짓더라도 집이 잘 팔리지 않는다는 것을 잘 안다. 결국 건설사들은 해당 지역에 공급을 중단한다. 따라서 신규 공급물량이 감소하게 된다.

이미 건설 사업이 진행된 아파트를 제외하고 건설사들은 새로운 신규 사업을 잠정 중단시킨다. 그렇게 시간이 지나면 어떻게 될까? 공급부족 현상이 발생한다. 신규 물량이 점차 감소하게 되면서 전세 물량도 가파른 상승을 멈추고 보합 상태를 가진다. 공포심에 사람들은 매매보다는 전세를 선택해 전세 수요가 증가한다. 전세지수가 조금씩 상승한다. 여기서 중요한 것은 상승기 초는 전세가격이 상승하더라도 **학군이 좋고 입지가 좋거나 유명한 브랜드와 대단지 아파트 같은 인기 많은 아파트부터 전세가격이 움직이기 시작한다.** 좋은 것부터 먼저 나가는 현상이다. 비선호 단지와 인기가 없는 아파트는 바로 움직이지 않는다.

가격 상승 시 오르는 순서

1. 분양권, 대장 신축 아파트
2. 준신축 아파트
3. 국평 이상 구축 아파트
4. 국평 이하 구축 아파트
5. 복도식 구축 아파트

이런 현상이 나타나는 이유는 전세는 오직 **'실거주 가치'**만 포함된 가격이기 때문이다. 매매가격은 실거주 가치와 미래 가치의 기댓값이 더해진 가격이지만

전세가격은 그렇지 않다. 전세로 지낸다고 해서 교통 호재나 재개발 등 다양한 미래가치를 누릴 수 없기 때문이다. **결국 전세 수요에는 투자 수요가 전혀 없는 오직 실거주자들의 수요만 존재한다.** 전세 시장은 투기 시장이 아니다. 이러한 특성으로 하락장 때 전세가격이 많이 하락해서 원래 전세가격보다 저렴해지면서 가장 좋은 입지와 아파트부터 선택받게 된다. 중심지부터 전세가격은 움직이기 시작한다.

앞과 같은 원리로 매물이 넘치는 상황에 안 좋은 입지부터 오른다는 것은 사실상 힘들다. 하지만 걱정하지 않아도 된다. 비인기 단지도 상승하는 시기가 온다. 인기 단지가 상승하고, 건설사 공급이 중단됐고, 전세 매물이 귀해질 때다. 예시로 학군 좋고, 입지 좋은 A아파트가 있다. 전세 수요가 증가해 A단지의 마지막 전세 매물이 3억 원에 거래가 됐다. 사람들은 그다음 인기 있는 B아파트로 전세를 구할 수밖에 없게 된다. 수요가 이동되는 것이다. 그러면 B집주인은 어떤 행동을 취할까? A전세 물량이 부족하다는 사실을 알게 되면, B아파트의 전세를 더 비싸게 받으려고 한다.

결국 두 번째 좋은 B아파트 전세가격이 3억 2,000만 원으로 전세가격대가 형성된다. 사람들은 선택지가 없어 B아파트를 선택한다. A아파트 집주인이 B아파트 전세가격을 확인한다. '저기가 3억 원이 넘는다고?' 하면서 전세 만기가 되면 B아파트 전세보다 더 비싸게 받으려고 할 것이다. 이렇게 전세가격은 호수에 돌멩이를 던지면 퍼져나가는 파동처럼 중심지에서부터 상승전파가 넘어온다. 그러면 비인기 단지가 가치가 높아져서 전세가격이 상승한 것인가? 그렇지 않다. 주변 인기 아파트의 전세가격 상승이 자연스럽게 전파된 것일 뿐이다. 전세가격이 올라가면 과연 매매가격은 가만히 있을까?

2. 전세 거래만 하더라도 매매가격이 오를 수 있다

전세 수요의 증가 덕분에 아파트의 가치가 유지되더라도 전세가격은 계속해서 상승하게 된다. A단지의 전세 계약이 3억 1,000만 원 → 3억 2,000만 원 → 3억 5,000만 원으로 전세가격이 오르면 전세가율이 상승하게 된다. 전세가율이란 '매매가격 대비 전세가격의 비율'을 말한다. A단지의 매매가격은 보합된 채 전세 수요 증가로 전세가격이 상승하면 전세가율이 상승한다. 만약 A단지와 같이 매매가격은 유지, 전세가격 상승으로 전세가율이 상승 중인 아파트는 어떤 아파트라고 생각되는가? 바로 우리가 투자해야 할 **'상승할 아파트'**다.

A단지

전세가격	매매가격	전세가율
3억 원	5억 원	60%
3억 1,000만 원	5억 원	62%
3억 2,000만 원	5억 원	64%
3억 5,000만 원	5억 원	70%
4억 원	5억 원	80%

전세가격만 오르는데 어떻게 상승할 아파트가 될 수 있을까? **전세는 하방경직성이라는 특성을 가지기 때문이다.** 하방경직성이란 내려야 할 가격이 어떤 원인으로 내리지 않는 것을 말한다. 전세가격이 바로 아파트 가격이 내리지 않는 원인이 된다. 이전에 설명한 것처럼 전세가격은 투기 수요가 없는 오로지 실거주 가치를 측정한 값이다. 호수에 물을 전부 빼내면 물고기만 남아 있듯 아파트 가격에 버블을 모두 제거하면 전세가격만 남게 된다. 전세가격은 그만큼 아파트 가격의 뼈대이자 핵심이다.

A단지처럼 실거래가치(전세가격)가 3억 원대를 지지해주며 거래량이 지속된다면, 매매가격은 3억 원 이하로 내려가지 않는다. 매매가격이 3억 원이 되면 매매가격이 전세가격보다 낮거나 같게 된다. 전세 거래가 꾸준히 이뤄지는 상황에서 집주인은 특별한 이유가 없다면 3억 원보다 저렴하게 팔 이유가 있을까? 임차인은 매매가격이 3억 원이라면 전세보다 매매를 택하는 게 현명하다고 생각할 것이다. 이런 이유로 전세가격이 계속 상승해서 전세가율이 해당 단지에서 높게 형성이 되는 것은 '매매가격 정도의 가격을 주더라도 실거주의 가치가 되는 곳이다'와 같은 뜻이다. 그러면 실거주의 가치(전세가격)가 5억 원이나 올라간다면, A단지의 가격은 어떻게 될 것인가? 이는 자연스럽게 매매가격의 상승을 만들어낼 수밖에 없다.

실거주 가치가 좋은 신축 입지 아파트들은 실거주자뿐만 아니라 투자자들에게도 좋은 투자처가 된다. 좋은 아파트인 만큼 투자 욕구가 크기 때문에 전세가격이 매매가격까지 붙을 때까지 내버려두지 않는다. 인기 아파트는 60~70% 사이의 전세가율이면 거래가 시작된다. 다른 아파트보다 더 주목받는 곳은 전세가율이 60%보다 낮을 때부터 거래가 되기도 한다. 투자하고 싶은 지역의 대장 아파트가 벌써 전세가격과 매매가격이 많이 올랐는가? 걱정하지 않아도 된다. 오히려 좋은 신호다. 대장 아파트부터 전세가격이 상승하고 있다면, 우리는 아직 온기가 퍼지지 않은 아파트를 고르면 된다.

3. 전세가격을 확인하는 법

매매/전세지수를 알 수 있는 사이트가 다양하게 존재한다. 다른 지표와 마찬가지로 부동산 공부가 처음이라면 하나씩 눌러보면서 익숙하게 만들어보자. 우리 동네부터 시작해서 전국 아파트별로 하나씩 전세가격을 확인해보자. 현재 어디 지역의 전세가격이 올라가고 있는지, 아직도 전세가격이 하락하는 지역은 어디인지 찾아보자. 부동산은 '항공모함과 같다'라는 말이 있다. 코인, 주식과 같은 작은 배와 달리 부동산은 빨리 반응하지 못하기 때문에 한번 방향 전환이 됐다면 오랫동안 그 방향을 유지한 채 움직인다.

아실 ▶ 가격변동 ▶ 지역 선택 ▶ 기간 조정

자료 3-41. 대구시 수성구 매매/전세 가격변동 지수

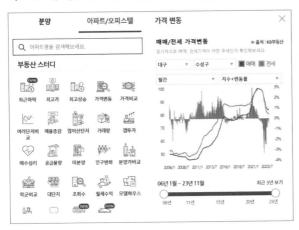

출처 : 아실

아실에서는 전세/매매지수를 확인할 수 있다. KB부동산에서 제공한 데이터를 가공해 그래프로 표현한 것이다. 아실의 장점은 역시나 내가 원하는 특정 기간의 전세지수를 파악할 수 있다. 지수와 함께 변동률을 추가하면 변동률의 흐름까지 파악할 수 있다. 높은 변동률의 반전이 일어났을 때 방향이 전환되거나

하락/상승세가 더 깊어지는 신호가 되기도 한다. 앞의 자료 3-41은 대구 1급지 수성구의 매매/전세 가격변동 지수다. 그림과 같이 아직 대구 중심지의 전세지수는 방향을 전환하지 못한 것이 확인된다(2023년 11월 기준).

한국부동산원 ▶ 부동산통계정보시스템(R-ONE) ▶ 전국주택가격동향 ▶ 주간아파트동향 ▶ 전세가격지수 ▶ 지역 선택 ▶ 기간 선택

자료 3-42. 경기도 화성 전세가격지수(주간 아파트 동향)

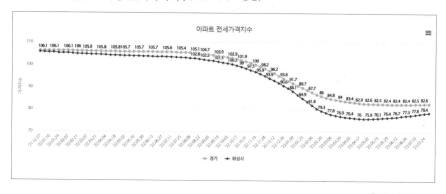

아파트 전세가격지수

한국부동산원에서도 전세지수를 확인할 수 있다. 주의할 것은 기준 주가 언제인지 확인해야 한다. 한국부동산원은 전세 가격지수를 2021년 6월 28일의 전세가격을 100으로 기준을 잡았다. 즉 전세가격이 2021년 6월 28일 가격보다 높다면 100보다 높게, 더 낮다면 100 미만으로 지표를 매긴다. 자료 3-42는 경기도 화성시의 전세가격지수다. 경기도 전세지수는 하락세를 멈췄지만 아직 상승 방향이 되지 않은 것과 달리, 화성시 전세지수는 방향 전환에 성공했다. 2023년 5월 1일에 전세지수가 75.9로 바닥을 찍고, 현재는 조금씩 상승하고 있다.

자료 3-43 : 월간/주간 시계열로 보는 전세지수

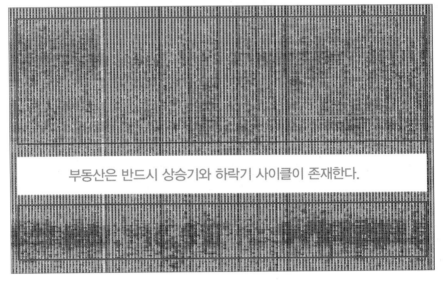

부동산은 반드시 상승기와 하락기 사이클이 존재한다.

출처 : KB부동산

KB부동산 월간/주간 시계열을 통해 전세지수를 확인할 수 있다. 시계열 자료는 역시 엑셀 파일로 그래프가 아닌 수치로 제공된다. 주간 시계열에서는 매매/전세 가격 증감률도 확인할 수 있다. 특징은 증감률은 '0.20%, 0.40%, 0.60%, 0.80% 이상 상승·하락한 경우 구간별로 음영 처리'한다. 앞서 말한 대로 '부동산은 항공모함과 같아 한번 방향이 결정되면 오랫동안 지속된다'라는 말은 증감률에서 입증된다. 자료 3-43과 같이 부동산 시세가 하락할 때는 계속 하락, 상승할 때는 계속 상승하는 모습을 보인다. 색상만 봐도 '부동산은 반드시 사이클을 가진다'라는 것을 알 수 있다.

대장아파트로
지역 반등 신호 파악하기

앞서 하락장에서 발생하는 전세 꿈틀거림 현상과 그 이유를 알아봤다. 여기서는 지역별 대장 아파트를 파악하는 방법과 매매가격과 전세가격으로 매수 타이밍을 파악하는 법을 알아보자. 대장 아파트란 그 지역에 '가장 비싼 아파트'를 말한다. 가장 비싸다는 것은 그 지역에서 매매가격뿐만 아니라 전세가격이 가장 비싸다는 의미다. 전세가격이 가장 비싸다는 것은 그 지역에서 가장 살기 좋은 아파트라는 뜻이다. 가장 살기 좋은 아파트는 어떤 특징을 가지며, 어떻게 찾는지 알아보자.

먼저 가격이 비싼 아파트는 어떤 곳일까? 아마 그 지역에서 가장 비싼 아파트는 중심지일 것이다. 학군도 좋을 것이다. 교통도 좋아 접근성도 탁월하다. 산도 보이거나 강도 보일 수 있다. 전부 입지가 좋다는 뜻이다. 또 헌 것이 아닌 새 것일 것이다. 결국 이 모든 것이 어떤 것을 말하는가? 바로 '살기 좋은 동네 속 아파트'다. 사람마다 집에 대한 우선순위와 취향이 전부 다른데 어떻게 그것을 결정할까? 바로 '실거래 가치'인 전세가격이 증명해준다. 전세가격이 높다는 것은 '그만큼 돈을 주고도 살고 싶은 곳'이라는 말이니까. 결국 대장 아파트는 호수에 돌멩이를 던진다면 파동의 중심지다.

대장 아파트는 하락장에서 거래가 되기 시작하면 이름에 걸맞게 선두 주자로 움직인다. 예시로 A지역에 대장 아파트의 가격이 8억 원이라고 가정해보자. 하락장에 대장 아파트가 8억 원대를 유지한다면, 그다음 2번째 대장 아파트와 3번째, 4번째 좋은 아파트는 8억 원 이상 못 올라간다. 대장 아파트가 상승 숨통을 뚫어주지 않았기 때문이다. 만약 시간이 지나 부동산 분위기가 상승세로 전환됐을 때 대장 아파트가 부합과 상승을 통해 10억 원 이상 거래가 지속되면 어떻게 될까? 그 지역의 2번째, 3번째도 8억 원 이상 상승할 수 있는 여력이 생긴다. 상승 숨통이 뚫린 것이다. 그만큼 지역별 대장 아파트를 찾고 가격을 확인하는 것은 중요하다.

대장 아파트의 또 다른 특징은 상승장에는 모두가 예상한 그 이상으로 상승하기도 한다. 가장 빠르고, 가장 많이 오른다. 하락장에 가격이 더 내릴 것이라는 기대감으로 바닥을 기다리다가 아차 하면 무섭게 반등한다. 1등 아파트인 만큼 아무나 매수하기가 쉽지 않다. 괜찮다. 대장 아파트의 반등이 확인됐더라도 늦지 않았다. 또다시 말하지만, 부동산은 항공모함과 같아 상승세로 전환됐다면 오랜 기간 유지가 되기 때문이다. 부동산 내비게이션을 통해 저평가 지역임을 확인한 지역이 상승 전환됐다면, 바닥에서 상승했더라도 대장 아파트를 구매해도 좋다.

대부분 흔한 직장인들은 대장 아파트가 바닥을 다지고 있더라도 구매할 여력이 부족하다. 그러면 어떻게 해야 할까? 기회는 없을까? 상승하지 않은 다음으로 좋은 아파트, 그다음 아파트를 찾아서 투자하면 된다. 대장 아파트가 올라간다는 것은 자금이 부족한 직장인에게 좋은 기회다. 1등 아파트가 올라가니 곧 2등, 3등 그다음 아파트가 올라갈 여력이 생기는 것이다. 우리 자금에 맞는 아파트의 상승 기회가 온다는 뜻이다. 대장 아파트가 상승하고 있는 지역이면, 그다음 아파트를 찾으면 되고, 아직 오르지 않은 지역은 오를 때까지 차분히 기다리면 된다.

1. 대장 아파트 찾는 법

아실 ▶ 순위분석 ▶ 지역 선택 ▶ 평형(31~35평) 선택

자료 3-44. 대구 31~35평 아파트 순위 분석

출처 : 아실

앞의 자료 3-44는 아실에서 대구 31~35평 아파트의 순위 분석을 한 것이다. 평수를 31~35평으로 선택하는 이유는 우리나라에서 가장 수요가 많은 국평(85㎡)의 기준으로 가격을 나열하기 위함이다(국평의 기준이 소형이 될 것이라고 했지만, 아직은 85㎡가 대한민국 부동산에서 주력이다). 자료 3-44를 보면, 대구에서 가장 비싼 아파트는 2020년에 준공한 힐스테이트범어다(2023년 8월 기준). 여기서 주의할 점은 준공 연도를 확인하는 것이다. 대장 아파트를 결정할 때 연식이 20년 넘은 아파트는 대장 아파트에서 제외하는 것이 좋다. 연식이 높고 비싼 아파트는 입지가 좋을 수 있지만, 재개발 기대감으로 집값 형성이 된 곳이 많다.

그러면 대구에서 1등은 힐스테이트범어, 2등은 빌리브범어, 3등은 수성범어더블유다. 경남타운은 1982년에 준공된 아파트이기 때문에 제외하면, 4등은 범어SK뷰로 선정된다. 아파트명을 클릭하면 매매/전세 그래프를 확인할 수 있는데, 힐스테이트범어를 확인하니 2022년에 16억 원으로 최고가를 기록했다가 가파른 하락세를 보인 뒤 다시 반등에 성공한 모습을 보인다. 여기서 주목해야 할 것은 전세가격도 반등에 성공한 것인데, 전세가격도 함께 반등했기에 좋은 모습이라고 판단할 수 있다.

자료 3-46은 빌리브범어, 수성범어더블유, 범어SK뷰 매매가격 및 전세가격 그래프다. 자료 3-45와 자료 3-46의 아파트 4곳을 보고 눈에 띄는 아파트가 있는가? 바로 범어SK뷰까지 상승 파동이 오지 않았다는 것을 알 수 있다. 이런 가격 상승 파동은 도시 전체별로도 움직이고, 해당 지역 동별로도 움직이게 된다. 주의할 점은 곧 입주가 예정된 아파트나 갓 지어진 아파트는 거래량이 적고, 가격 변동 폭이 심할 수 있으니 정말 가격상승이 이뤄지는 것인지 유의해서 보도록 하자.

자료 3-45. 힐스테이트범어 매매가격 및 전세가격 그래프

출처 : 아실

자료 3-46. 빌리브범어, 수성범어더블유, 범어SK뷰 매매가격 및 전세가격 그래프

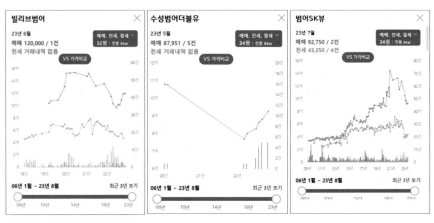

출처 : 아실

앞선 자료에서 본 것과 같이 대구에서 비싼 아파트들은 전부 수성구에 위치한다. 수성구는 전국에서 학군으로 유명한 곳이다. 실제로 수성구에 임장을 가보면 학원가가 엄청나게 형성되어 있는 것을 알 수 있다. 저녁에는 학원 앞에서 아이들을 기다리는 학부모 차량이 도로에 줄지어 서 있다. 수성구는 학원가뿐만 아니라 중학교, 고등학교도 대구에서 가장 좋은 학군이 밀집된 곳이다. 이렇게 지방에서는 직주 근접, 교통보다 학군으로 인해 아파트 가격이 상승하는 경향이 많다. 지방은 수도권과 달리 차로 1시간 안에 출퇴근할 수 있다.

다른 예시로 울산광역시를 확인해보자. 대구와 마찬가지로 31~35평 기준으로 확인한 결과, 울산 남구에 대장 아파트가 형성되어 있다. 여기서 우리는 어떤 생각을 해야 할까? '울산 남구가 가장 살기 좋고, 살기 좋은 데는 어떤 이유가 있겠구나'라고 생각해야 한다. 실제로 남구 옥동에는 226개, 남구 신정동에는 총 31개의 학원가가 형성되어 있다(출처 : 호갱노노). 정말 그럴까? 학군 분석을 해보자. 신정동에 위치한 한성중학교와 울산서여자중학교는 보통 학력 이상(국·영·수)이 95%가 넘는 높은 학구열을 가진 학교다.

울산도 대구와 마찬가지로 대장 아파트가 밀집한 지역은 학군과 학원가가 잘 형성됐다는 것을 알 수 있다. 이런 방법으로 대장 아파트와 해당 지역의 1급지를 찾으면 현지인들이 어떤 요소를 가장 선호하고 있는지 파악할 수 있다. 그 지역 현지인들이 중요하게 생각하는 입지 특성에 맞게 더 좋은 위치에 있거나 더 좋은 새 아파트일수록 가격이 비싸다. 물론 실거래가격이지 '전세가격'은 두말할 필요도 없다. 이렇게 대장 아파트를 찾기만 해도 그 지역의 중심지 파악은 한 번에 끝난다.

자료 3-47. 울산광역시 최고가 아파트 순위

분양	아파트/오피스텔	최고가 APT	✕

최고가 순위　　　　　　　　　　　출처 : 국토부 실거래 분석
지역 최고가 아파트가 보통 지역시세를 견인합니다.

울산 ▾	시/구/군 ▾	읍/면/동 ▾
매매 ▾	최고가 순위 ▾	31평 ~ 35평 ▾
23년 ▾ 6월 ▾ 1일 ▾	~ 23년 ▾ 8월 ▾ 6일 ▾

1위　**문수로2차아이파크2단지** 2013 입주　　9억2,500만
　　　울산 남구 신정동 | 23년6월 | 33평 | 17층

2위　**대공원한신휴플러스** 2011 입주　　8억9,500만
　　　울산 남구 옥동 | 23년6월 | 33평 | 11층

3위　**문수로푸르지오어반피스** 2026 입주　　8억7,280만
　　　울산 남구 신정동 | 23년7월 | 34평 | 35층

4위　**문수로2차아이파크1단지** 2013 입주　　8억7천만
　　　울산 남구 신정동 | 23년6월 | 33평 | 6층

5위　**울산대현더샵1,2단지** 2018 입주　　7억8,500만
　　　울산 남구 야음동 | 23년6월 | 34평 | 22층

6위　**대공원월드메르디앙** 2008 입주　　7억8천만
　　　울산 남구 신정동 | 23년6월 | 34평 | 11층

시도 선택 > 시군구 선택 > 읍면동 선택

서울시　　경기도　　부산시
대구시　　인천시　　광주시
대전시　　울산시　　세종시
강원도　　충청북도　　충청남도
전라북도　　전라남도　　경상북도
경상남도　　제주도

부동산 스터디

최근하락　최고가　최고상승　가격변동　가격비교

대장 아파트를 파악하는 법을 알아봤다. 전세가격의 가치와 상승하는 원인을 이해한 뒤 지금부터 어떤 지역의 대장 아파트를 바라본다면 이렇게 생각해보자.

'이 지역의 대장 아파트는 ○○동에 주로 자리 잡고 있구나. 이 지역은 ○○동을 가장 좋은 동네라 여기고 있구나. 역시 실거래 가치인 전세가격도 당연히 높게 형성되어 있네! 이렇게 비싼 전세가격을 이룬다는 것은 학군이나 직주 근접 등 현지인들이 가장 중요하게 여기는 요소가 분명히 있겠구나.'

4장

아파트를 사기 전 임장 갈 때
꼼꼼하게 확인할 것

부동산 중개사무소를
방문하기 전에 알아야 할 것들

"어서 오세요! 사장님, 집 보러 오셨어요?"

부동산 중개사무소 안이다. 들어가기 전부터 긴장된다. 부동산 중개사무소 소장님이 '내가 초보자인 것을 알고, 좋은 매물이 아닌 악성 매물을 넘기지는 않을까?' 하는 두려움이 생긴다. 이 장은 부동산 중개사무소에 방문할 때 명심할 것, 부동산 방문 전 예약하는 법에 관한 이야기다. 부동산 중개사무소에 방문하는 게 무서운가? 두려움을 깨고자 우리가 공부하는 것이 아닌가? 초보자면 스스로 초보자임을 인정하고 남들보다 더 열심히 달려가면 된다. 초보자를 이용하는 악성 부동산 중개사무소 소장님을 만나는 게 두렵다면, 남들보다 더 많이 부동산 중개사무소 소장님과 만나는 의지와 노력을 보이면 된다. 걱정하지 마라. 반드시 나에게 황금알 같은 매물을 가지고 있는 소장님은 어딘가 존재한다.

1. 부동산 중개사무소 방문 목적은 하나다

우리가 부동산 중개사무소를 들어가는 이유는 무엇인가? 소장님과 친분을 쌓으려고? 아니다. 좋은 물건을 찾으려고 가는 것이다. 황금 같은 매물을 누구보다 싸게 사기 위함이다. 이렇듯 부동산 중개사무소는 거래하기 위한 자리다. 소장님과 좋은 관계를 맺기 위한 목적은 오로지 친분을 쌓기 위한 것이 아니다. 좋은 매물과 가격 협상에 유리하기 위해서다. 지금부터 부동산 중개사무소는 오직 거래의 장소임을 명심하자. 혹시 나처럼 거절하지 못하는 성격을 가졌는가? 부동산 중개사무소 소장의 친절함 속에 숨어 있는 유혹의 말에 쉽게 넘어갈 위험을 주의하라.

인정할 것은 인정하자. 나는 누구인가? 부동산 초보 투자자다. 초보자가 부동산 중개사무소에 들어오면 부동산 중개사무소 소장님은 우리의 비밀과 약점을 찾으려고 한다. 타지에서 온 것을 안다면, 여러 번 또는 또다시 당분간 이 지역을 오지 않으리라는 것을 알 것이다. 자녀가 많다는 것을 알려주면 '1층도 매수하겠다'라는 생각도 심어주게 된다. 이렇게 약점을 보여줄 때마다 더 달콤한 말로 나를 유혹하려 한다. 내 자랑도 약점에 포함된다. 집이 몇 채가 있고 투자금이 많으니 여유가 있다는 정보를 발설하게 되면, 가격 협상에 좋을 일이 없다.

명심하자. 부동산 중개사무소에서 나의 장점과 재력을 자랑하지 말자. 부동산 중개사무소는 자랑하는 곳이 아니다. 나의 비밀을 누설시키지 않고, 몰랐던 정보를 획득하고, 그 지역에 궁금했던 점들을 질문하는 자리다. 설령 내가 아는 부분에 대해서 부동산 중개사무소 소장님께서 열심히 설명하더라도 아는 척을 하지 않는다. "소장님, 정말 대단하세요! 어떻게 그런 부분까지 아시나요? 혹시 투자도 같이 하시나요?"라는 식으로 칭찬해주는 것이 좋다. 칭찬은 고래도 춤추게 한다. 소장님은 즐거운 마음에 말하지 않아도 될 정보와 팁을 더욱 알려주려고 할 것이다.

소장님이 주도하는 것이 아닌, 내가 궁금했던 질문들과 새로 알게 되는 정보들로 대화를 만들어가야 한다. 이런 상황을 만들기 위해서 한 가지 더 필요한 것이 있다. 그 단지에 내가 얼마나 많은 시간을 쏟으며 파악했는지다. 또 내가 어떤 투자자인지 아는 것이 중요하다. 전쟁에서 승리하기 위해서는 적을 먼저 알기 전에 나를 먼저 알아야 한다. 내가 사용할 수 있는 투자금부터 확인하는 것이 시작이다. 투자할 아파트에 대해 어떤 것을 알고, 어떤 것이 궁금한지 준비하자. 내가 이 자리에서 반드시 알아야 할 사항을 준비하라는 뜻이다.

2. 내가 방문할 부동산 중개사무소 찾기

네이버 부동산을 들어가보자. 우측 메뉴에서 '중개사' 버튼을 클릭하면, 관심 있는 아파트 주변의 부동산 중개사무소가 지도에 나타난다. 가까운 곳을 찾아내고 리스트를 간추린다. 관심 있는 아파트 물건을 가지고 있는 부동산 중개사무소를 최소 3곳 이상 찾아 전화한다. 가장 친절한 곳을 선택한다. 하지만 친절하다고 해서 무조건 좋은 중개사는 아닌 것을 명심하자. 매수자 우위 시장일수록 소장님은 평소보다 더 친절하게 손님을 맞이한다. 여러 부동산 중개사무소를 다니는 이유는 부동산 중개사무소마다 스타일이 다 다르기 때문이다. 여러 소장님을 만날수록 다양한 정보를 얻고, 동일 단지에 최대한 다양한 매물을 볼 수 있다.

자료 4-1. 대구시 수성구 범어동 주변 아파트

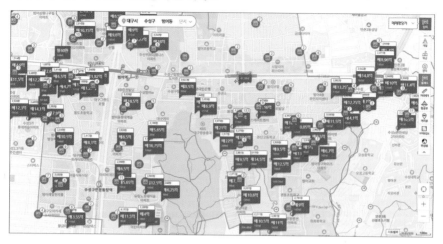

출처 : 네이버 부동산

다른 방법은 네이버 부동산에서 다음 자료 4-2처럼 원하는 아파트 단지를 검색 후 원하는 조건의 매물을 검색한다. 그러면 네이버 부동산에 매물을 등록한 물건 리스트가 나온다. '동일 매물 묶기'를 클릭하면 중복된 매물은 한 묶음 처리되어 보기 쉽고, 몇 개의 매물이 나왔는지 확인할 수 있다. 원하는 층수와 가격을 확인하고, 해당 매물이 있는 부동산 중개사무소의 위치와 주소를 확인한다. 2가지 방법으로 최소 세 군데 부동산을 골랐다면, 하루에 전체를 임장한다는 각오를 해야 한다. 점심, 오후, 저녁 타임에 예약한다.

세 타임을 예약하는 이유는 시간을 아끼기 위함이다. 가까운 동네를 방문하는 것이면 다른 날에 다른 부동산 중개사무소를 가도 된다. 하지만 타지에 투자하게 된다면 시간이 부족하다. 한 번에 최대한 많은 매물을 보고 와야 한다. 예를 들어 시간대별로 느껴지는 분위기도 다 보고 오자. 최소의 시간으로 최대 성과를 내자. 시간별로 예약을 잡는 이유도 있다. 해가 뜨고 짐에 따라 같은 동네

자료 4-2. 남산롯데캐슬센트럴스카이 매물 확인

라도 다른 분위기를 풍긴다. 낮에는 주변 도로가 한산하다고 느꼈지만, 평일 오전 출근 시간에는 출근 차량이 많아 도로가 복잡할 수 있다. 주차장이 생각보다 여유롭다고 느꼈는데 막상 퇴근 후 저녁 시간에 방문하면, 주차장이 부족해 이중주차를 하고 있을 수도 있다.

하루에 많은 지역을 둘러보기보다 내가 관심을 가진 동네 한 곳만 가는 것이 좋다. 실제 현장을 한번 갔다 오면 내가 조사한 부분보다 새로운 점을 발견하게 되어 '좋다!' 또는 '내가 생각한 것보다는 조금 아쉽다'라는 생각이 든다. 여기서 잠깐! 부동산 중개사무소 소장님의 현란한 설득력을 조심하라! 초보자는 미숙한 투자 실력 때문에 그 자리에서 당장 급한 선택을 내려야 하는 부담감이 생길 수 있다. 마음이 급할수록 옳지 않은 판단을 할 수 있음을 명심하고, 차분한 마음으로 임장을 다니도록 하자.

판단력이 흐려지는 또 다른 이유는 임장은 상당한 체력을 요구해 피로를 느끼기 때문이다. 다른 지역을 간다면 아침 일찍부터 기차, 자가용으로 움직여야 한다. 모르는 사람과 큰 금액의 거래에 관해 이야기를 나눠야 한다. 짧은 시간 안에 집 안의 상태를 파악하기 위해 집중하고 긴장해야 한다. 공실이 아니면 집주인이나 세입자가 사는 남의 집에 들어가 집 안 곳곳 살펴보는 것 또한 쉬운 일이 아니다. 결국 몇 군데를 볼수록 비슷해 보이고, 시간이 흐를수록 '피곤하니까 이 정도만 보면 되겠지?'라는 위험한 생각에 빠지게 된다.

아파트는 다른 투자와 달리 소액으로 구매할 수 있는 물건이 아니다. 부동산 중개사무소를 방문하는 것은 그날 당장 결정을 하는 것이 아니라 내가 공부한 것이 맞는지 확인하고, 새로운 정보를 얻기 위함이다. 한 번의 선택으로 큰 후회를 불러올 수 있으니 조급한 마음을 버리고 신중 또 신중하자. 그런데 타 지역은 멀어서 또 어떻게 가냐고 할 분들이 있다. 지금 우리는 직장에서 악착같이 고생해서 모아둔 돈을 투자하는 것이다. 자본금이 부족하다면 내가 몇 년간 열심히 적금해서 모아둔 전 재산일 수 있다. 한 번의 선택으로 몇 년간의 고생을 수포로 만들 수 있음을 명심하자.

힘들게 시간을 내서 부동산 중개사무소를 방문했는데 내가 원했던 가격대의 매물이 없고, 생각보다 실제 현장이 만족스럽지 못할 수 있다. 하지만 매물을 찾지 못했다고 실패한 것은 아니다. '여기는 투자할 곳이 없구나. 내가 공부한 것과 다른 점이 많구나'라는 판단력을 얻은 것만으로 대단한 성과다. 백문불여일견(百聞不如一見)이다. 1,000권의 책보다 현장이다. 실제 현장에서 느끼고 판단한 정보보다 더 유익한 투자 정보가 어디 있는가? 스스로 보고 느낀 새로운 정보는 아주 사소한 것이더라도 반드시 기록하자. 우리의 기억력을 절대 과대평가해서는 안 된다. 기록이 없다면 시간이 지날수록 우리의 소중한 도전이 희미해진다.

부동산 중개사무소에 가서
해야 할 말과 좋은 질문

앞서 부동산 중개사무소 소장님이 친절하다고 해서 좋은 사람은 아니라고 했다. 한번 중개사무소 소장님의 머릿속을 몰래 들어가보면, 그분들이 이해될 것이다. 그렇다면 부동산 중개사무소는 어떤 곳인가? 개인 사업자로 수익을 창출하는 곳이다. 좋은 매물만 관리하고 정직한 매물만 소개해주는 중개사무소도 분명 있다. 하지만 좋은 매물의 기준이 뭔가? 중개사무소 고객은 우리만 손님이 아니다. 즉 매수자만 손님이 아닌 중개사무소는 매도자도 소중한 손님이다. 매도자의 매물을 잘 소개하면 매도 수수료도 존재하기 때문이다. 결국 부동산 중개사무소는 우리(매수자)에게 좋은 매물을 판매하는 사람이 아닌 **거래를 도와주는 사람일 뿐이다.**

1. 실거주자? 투자자? 어떤 포지션으로 가야 할까?

부동산 소장님들은 어떤 사람들을 더 반길까? 아마 실거주자보다 투자자들을 더 선호할 것이다. 중개사무소에서 투자자를 고객으로 얻으면, 실거주자보다 많은 이득이 생긴다. 우선 투자자들은 해당 단지에 대해 실거주 매수자들보다 더 많은 정보를 알고 왔다고 판단한다. 많은 정보를 알고 온 것은 살 확률이 높다고 판단해서 더 친절하게 대한다. 실거주자에게 주지 않는 실거주 장점뿐만 아닌 투자 정보를 말해줄 수도 있다. 해당 단지 인근에 재개발 소식, 교통 호재 등 뜻밖의 소식을 알게 되는 것이다.

예시로 나는 중개사무소 소장님께 월세 투자를 하려는 투자자라고 밝혔다. 그런데 이게 웬 떡인가? 소장님은 근처 주택 단지의 재건축 이주 계획 소식을 알려주셨다. 몰랐던 해당 지역에 거주하는 사람들의 이주 소식과 이주 기간을 알게 됐다. 해당 거주자들이 이주한다는 것은 새로운 월세나 전세를 반드시 구하는 것이기 때문에 월세 수요가 증가할 확률이 높다. 마찬가지로 부동산 중개사무소 소장님도 이주 덕분에 월세 수요가 증가할 것을 예상했다. 타지에 투자하면 아무래도 내가 거주하는 지역보다 놓치는 부분이 다소 발생할 수 있는데, 뜻밖의 투자 소식도 얻게 된다. 이 얼마나 값진 정보인가?

중개사무소에서 투자자들을 반기는 또 다른 이유는 역시 수익성이 빠질 수 없다. 매수할 확률이 높을 뿐만 아니라, 무엇보다 투자자에게는 중개 수수료를 삼중으로 받을 수 있다. 매수할 때 매수 중개 수수료 한 번, 실거주가 아닌 투자다 보니 전세, 월세를 세팅하면 또 한 번 중개 수수료를 받을 수 있다. 거기다 매도까지 한다면 매도 수수료까지 일석삼조가 된다. 그뿐만이 아니다. 투자자는 한 채가 아닌 두 채, 세 채, 여러 채를 살 확률이 실거주자보다 높다. 부동산 중개사무소 소장님은 투자자와 잘 지내기 위해서 더욱 노력하고, 친절함을 베풀 것이다.

간혹 투자자들을 부정적으로 보는 중개업자도 있다. 이때 필요한 것은 겸손한 자세다. 투자금이 많다거나 투자한 집이 많다고 거만해서는 안 된다. 확신 있게 투자하더라도 아는 체를 해서는 안 된다. "이 집은 반드시 오르니 살 겁니다"보다는 차라리 "집값이 더 내릴 것 같아 무서워요. 소장님, 100만 원만 더 깎아주세요"가 훨씬 낫다. 한 채 말고 두 채를 더 산다고 과시할 것인가? 소장님은 오직 수수료를 챙기기 위해 의미 없는 매물들만 이것저것 보여주려고 할 것이다. 다시 한번 말한다. 부동산 중개사무소 소장님은 당신의 성공적인 투자를 위한 사람이 아닌, 중개 수수료를 얻기 위해 나와 소통하는 사람이다. 그들을 이해하고 역으로 이용하자.

2. 어떤 질문을 해야 할까?

자만하고 자랑하지 않는 것은 그저 겸손해지고자 하는 것이 아니다. 부동산 중개사무소는 나의 이야기를 하는 곳이 아니고, 경청이 필요한 장소이기 때문이다. 그러면 이야기를 듣기 위해서는 반드시 질문을 준비해야 한다. 물론 내가 현장을 가기 전에 손품으로 최대한 많은 정보를 수집하고 모아가는 것은 당연하다. 알고 있는 정보를 토대로 확실한 정보가 맞는지 재확인하는 것도 좋다. 무엇보다도 중요한 것은 해당 지역에 거주하지 않기 때문에 현장 분위기를 파악하는 질문들을 하는 것이 좋다.

부동산 중개사무소에서 물어보면 좋은 질문들

① 이 단지에서 어디가 로열동인가요? 이유가 뭐죠?
② 투자자들이 많이 오나요?

---

③ ○○동, ○○동 중 어디가 출퇴근하기가 편한가요?

④ 주로 거주자들이 어떤 직장을 다니나요?

⑤ (구축 경우) 젊은 사람들도 많이 거주하나요?

⑥ 세입자들은 어떤 부분을 만족하나요?

⑦ 아이들도 많이 있나요?

⑧ 초등학교는 어디가 더 좋아요?

⑨ 거주자들이 장 보러 어디 마트에 가나요?

⑩ (주차장이 부족하면) 주차난이 심한데 자리가 없으면 어디다 주차하죠?

⑪ 최근 전세, 월세는 얼마에 나가요?

⑫ 월세로 사는 사람들은 전세가 더 저렴한데 왜 월세를 택하나요?

⑬ 주변에 비슷한 아파트도 많은데 여기에 왜 거주하나요?

이런 식으로 **실거주의 장단점**을 파악하기 위한 질문을 한다. 내가 실거주하지 않았기 때문에 인터넷에서 찾을 수 없는 정보를 알아야 한다. 실거주로만 알 수 있는 내용, 이것이 현장에서만 얻을 수 있는 정보이며 부동산 중개사무소를 가는 이유다. 책상에 앉아서 얻지 못하는 정보를 최대한 많이 얻어 와야 한다. 부동산 중개사무소에서 꼭 질문해야 하는 핵심 이유는 **내가 대화하고 있는 부동산 중개사무소 소장님의 투자 내공과 실력 파악 때문이다.** 내가 하는 질문에 대해 성심성의껏 대답해주시는지, 잘 몰라서 당황하시는지, 알고 있는 정보를 물어보면서 아는 척하기 위해 틀린 정보를 주는지 확인할 수 있다.

또한, 질문을 하면 이야기가 잘 통하고 신뢰가 가는 부동산 중개사무소를 고를 수 있게 된다. **중개업뿐만 아니라 부동산 투자를 함께 하는 소장님을 만나면 더욱 좋다.** 투자를 같이 하는 소장님은 내가 질문한 것에 대해 더 많은 정보를 알고 있다. 앞서 말한 이주 계획을 말해주신 소장님도 투자를 병행하고 있다. 투자 지식이 중개만 하는 부동산 중개사무소 소장님보다 많다. 대출이나 매수할 때 실수하는 부분에 대해 주의사항을 짚어 주시기도 한다. 어쩌면 그 지역 부동산 분위기를 가장 잘 아는 사람은 투자를 병행하고 있는 중개사무소 소장님이다.

월세 세팅 당시 나는 수익률을 더 높이기 위해 투자금을 최대한 줄이고 싶었다. 월세를 조금 받더라도 보증금을 높게 책정했다. 해당 지역에 월세는 귀했지만, 생각보다 세입자가 구해지지 않아 종일 걱정했다. 이때 소장님에게서 전화가 왔다.

"현재 역전세 사기 때문에 보증금이 높은 매물은 세입자들이 꺼리는 경향이 있어요. 보증금을 낮추고 월세를 높이는 방법은 어떠세요?"

나는 세입자가 아니기 때문에 세입자의 심리를 생각조차 하지 않았다. 수익률은 계획보다 줄어들었지만, 보증금을 낮춘 덕분에 짧은 시간 안에 빠르게 세입자를 구할 수 있었다. 이렇게 부동산 중개사무소 소장님은 내가 어떻게 준비하고, 어떤 사람이고, 어떻게 행동하느냐에 따라 달라진다. 가져오는 행운과 정보에서 엄청난 차이가 발생한다. 이왕이면 갑질 손님이 아닌, 정이 많이 가는 손님이 되는 게 좋지 않은가? 부동산 중개사무소에서는 '**미운 놈에게 떡 하나 더 주지 않는다.**' 아마 당신이 중개인이더라도 마찬가지일 것이다. 정이 가는 사람에게 더 챙겨주고 싶다. 평소보다 더욱 경청하고, 정중하게 질문해야 한다. 도움을 받으면 반드시 은혜도 갚을 줄 알아야 한다. 부동산 투자를 하루만 하고 말 것은 아니니 말이다.

가격 협상에 우위를 선점하는 방법 : '닻 내림 효과'

부동산으로 부자가 되기 위해서 부동산 책만 뚫어지게 쳐다봤다. 공부만 열심히 하고 집만 잘 사면 끝날 줄 알았지만, 현실은 달랐다. 부동산 투자란 결국 사람 대 사람으로 이뤄지는 것이다. 이 모든 것들은 결국 '돈'으로 만나는 관계로, 끊임없는 협상과 선택을 해야 한다. 준비가 되지 않으면 계약 끝에 '왜 더 잘하지 못했나?' 하는 후회가 몰려온다. 분명 나는 만족할 것으로 생각했는데, 왜 계약 끝에 아쉬움이 남을까? 여기서는 부동산을 넘어서 인생에서 우리가 더 단련해야 할 것들에 관해 이야기해보겠다.

부동산 투자를 마음먹은 당신은 직장의 바운더리에서 벗어나 야생에 맨몸으로 들어왔다. 짧게는 초중고 12년, 대학교까지 해도 14년에서 16년 배운 지식으로 직장에서 생계를 유지하다가 새로운 환경에 도전하려니 겁이 나기도 한다. 특히 나 같이 **거절을 잘 하지 못하는 사람**은 이 챕터에서 한 걸음 더 성장할 수 있을 것이다.

인간관계가 힘든 사람은 초면인 사람과 난생처음 집을 계약하고, 부동산 '부'

자만 봐도 긴장되어 부동산 중개사무소에서 소장님과 이야기할 생각에 막막하다. 그렇다. 우리는 모든 것이 준비되지 않았다. 모든 것이 처음이고 떨린다. 하지만 괜찮다. 호랑이에게 물려 가도 정신만 차리면 산다고, 정신을 바짝 차리고 배우고 준비하면 된다. **누구나 할 수 있는 일이라면 이 세상에 부자밖에 없었을 것이다.** 부자가 되기 위해서는 노력과 배움이 필요하다. 부자는 늘 새로운 것에 대한 '두려움'을 깨고 달려간다. **반대로 말하면 두려움을 피하는 자들은 부자가 될 수 없다.** 이 사실을 당신도 빨리 깨달았으면 한다. 그러면 우리도 부자의 길을 걸어갈 수 있다.

부동산에서 돈을 벌려면 한 가지 더 알아야 할 것이 있다. 또 당신이 앞으로 부동산을 하기로 마음을 먹었다면 필수적이다. 이것은 부동산 투자 이외에도 반드시 명심해야 할 부분이다. 바로 '성공하는 협상'이다. 우리는 집 한 채를 사기 위해 각자 다른 입장에서 소통한다. 매수자면 매도자와 매도자면 매수자와 소통해야 한다. 옷을 살 때도, 중고 거래할 때도 마찬가지다. 즉 처음 보는 사람과 어디서든 협상하게 되는 일들이 발생한다. 어떤 위치에서도 누군가의 말에 **'끌려다니지 않는 법'**이 있다면 살아가는 데 얼마나 유리하게 작용할까?

나는 투자금을 모으기 위해서 필요한 물건이 있으면 항상 당근마켓에 있는지 확인하고 구매한다. 얼마 전에도 당근마켓에서 물건을 거래했다. 중고 거래를 해본 사람은 알 것이다. 중고 거래의 재미와 묘미는 **가격 협상으로 더 싸게 샀을 때다.** 가격을 깎은 나 자신이 기특해지기도 한다. 이번 거래도 판매자가 올린 판매가격보다 10%나 깎아서 새 제품보다 훨씬 저렴하게 샀다. 판매자가 10만 원에 제시한 물건을 9만 원으로 깎은 것이다. 그런데 마음 한쪽에 아쉬운 마음이 들었다. **그 이유는 판매자가 흔쾌히 가격을 허락했기 때문이다.** '조금 더 싸게 살 수 있었나? 8만 원을 제시하고 85,000원에 사면 좋았을 건데' 하며 후회했다. 그렇다면 다른 상황을 예로 들어보자. 만약 판매자가 동일 물건을 8만 원에 물건을 내놓았다면? 나는 보다 싸게 구매할 수 있었을 것이다. 그러면 8만 원에 가격 협상 없이 물건을 샀다면 만족했을까? 절대 그렇지 않을 것이다. 인간은 이렇게 정해진 기준점에서 벗어나기가 쉽지 않다. 정해진 기준점에서 자유로워진다면 협상에 상당히 자유로워질 것이다. 이 거래는 결국 판매자가 원한 가격에 판매를 성공한 것이고, 나는 협상에 실패한 사례다. 다음은 부동산 거래에 관한 예다.

부동산 소장 : 사장님 집주인이 더는 못 깎는데요 1억 9,500만 원에 그냥 계약하시죠?

매수자 : 아, 저는 1억 9,000만 원을 생각했는데 … 소장님 안 될까요? 잘 말씀해주세요. (앗싸, 500만 원이나 깎았다! 한 번 더 깎아볼까?)

부동산 소장 : 이러시면 저도 곤란해요. 500만 원이나 깎아줬는데요. 이러면 매도자도 화가 나서 거래를 취소할 수 있어요. 한 번만 더 물어볼게요. (집주인이 사실 나한테 1억 9,000만 원에 해도 된다고 했는데 생색 좀 내야겠다.)

매수자 : 네, 잘 좀 말해주세요. (왜! 여기서 100만 원만 더 깎으면 좋겠다.)

부동산 소장 : 사장님 집주인께서 1억 9,450만 원에 해주시겠는데요. 더 이상 깎으려 하면 안 파시겠대요.

매수자 : 네, 알겠습니다. 계약날짜는 언제로 할까요? (550만 원이나 깎았네. 이 정도면 됐어!)

부동산 소장과 매수자는 서로 만족스러운 표정이다.

집주인 속마음

(왜! 잔금일이 얼마 남지 않아 걱정했는데, 애물단지를 예상보다 더 비싸게 팔았다. 여보! 우리 집 계약한대!)

당신이 봤을 때 이 상황은 어떤가? 매수자는 거래를 잘한 것일까? 아니 협상을 잘했다고 생각하는가? 물론 원래 가격에서 용기 있게 550만 원이나 할인했다. 여기서 우리는 '**닻 내림 효과**'를 볼 수 있다. 닻 내림 효과(Anchoring Effect)란 심리학자이자 행동경제학의 창시자 대니얼 카너먼(Daniel Kahneman)이 제시한 행동경제학 용어다. 배가 한바다에 닻을 내리면 닻을 내린 지점에서 멀리 벗어날 수 없다. **우리 인간도 닻을 내린 배처럼 처음 제시한 조건과 의견이 판단과 결정에 영향을 끼치는 것을 말한다.**

이 대화에서 그러면 배와 닻은 무엇일까? 배는 집, 닻은 '가격'이 될 것이다. 매도자는 처음에 닻(가격)을 2억 원에 내놓았다. 매수자는 이제 '이 집은 2억 원짜리 집이다'라는 고정관념의 닻이 내려져버린다. 이 고정관념에 맞춰 거래가 시작된다. 이렇게 닻 내림 효과를 통해서 알게 되는 것은 '**협상을 먼저 시작하는 것이 유리하게 작용한다**'라는 것이다. 그러면 부동산을 흥정하고 협상하기 위해 우리는 닻 내림 효과를 어떻게 이용해야 할까? 우리는 어떻게 해야 가격이라는 '기준점'에 벗어나 자유로움을 얻을 수 있을까?

먼저 **상대방이 이 계약을 파기할 시 얼마만큼의 손해를 볼 것인지 파악하는 것이다.** 가격을 제시하기 전에 부동산 중개사무소 소장님이나 집주인과 충분한 대화를 했더라면, 집주인의 진짜 기준점을 파악할 기회가 생긴다. 매수자가 부동산 중개사무소 소장님과 말이 잘 통해 집주인이 집을 매도하는 이유를 알게 됐다고 하자. 그러면 매수자는 이 계약에서 우위를 잡게 되는 것이다. 집주인의 마음속에 정해놓은 진짜 '닻', 즉 기준점을 예측할 수 있게 된다. 소통과 협상을 할 때 한 번 더 대화와 고민이 필요한 것이 이러한 이유에서 나온다.

여기서도 주의할 점은 있다. 상대의 진짜 '닻'을 파악했더라도 그 사람이 손해 보지 않는 선에서 협상해야 한다는 것이다. **상대가 '합리적'이라고 생각하는 그 지점에서 우리는 가격을 제시해야 한다.** 그것을 파악하기 위해서는 '잠시 멈춤'이 필요하다. 먼저 가격을 알게 됐을 때 흔쾌히 승낙하는 것이 아닌, '잠시 멈춤' 상태를 유지하는 것이 필요하다. 잠시 멈춤 상태를 통해 우리는 닻의 위치를 파악하게 된다. '혹시나 내가 예의 없이 보이고, 안 좋은 이미지가 보이면 어쩌지?'라는 걱정 때문에 우리는 멈춤 상태를 견디기 힘들어한다. 하지만 그런 걱정은 할 필요가 없다. 우리는 협상을 고민할 수 있는 '자격'이 있다.

닻 내림 효과는 우리 주변에서 무의식적으로 돌아다니고 있다. 1시간, 30분도 아니다. 단 몇 초의 멈춤 상태로 내가 만만해 보이지 않을뿐더러 이것이 현재 '닻 내림 효과'인가 생각해볼 필요가 있다. 부동산뿐만 아니라 앞으로 다른 선택을 할 때도 지금 알게 된 이 정보가 '닻'이 아닌지, 닻이 나의 객관화를 방해하는지 늘 주의할 필요가 있다. 이것은 나를 지키는 힘이며, 상대가 나를 만만히 보지 않는 커뮤니케이션 스킬이다. 부동산을 볼 때도, 집값을 볼 때도 마찬가지다. 즉 투자할 때 반드시 가져야 할 습관이다.

중개사는 내 편이 아니다 :
공동 중개의 함정과 단점

부동산 중개사무소는 오직 거래를 위한 장소다. 그러면 부동산 중개사무소 소장님을 내 편으로 만드는 방법은 없을까? 소장님이 오직 중개수수료를 위해 나와 대화한다면, 반대로 그것을 이용하면 어떨까? 상대방보다 나를 더 챙겨주고, 내 편으로 만드는 방법은 없을까? 나와 잘 맞는 부동산 중개사무소 소장님을 알게 됐더라도 주의사항은 없을까? 여기서는 한 매물에 2곳의 부동산 중개사무소가 공동 중개할 때, 부동산 중개사무소 소장님은 어떤 유혹의 말로 고객과 거래를 성사하는지 알아보자.

1. 중개사를 내 편으로 만들자

소장님을 내 편으로 만들어놓으면 무엇이 좋을까? 우선 협상이 유리해진다. 협상이 유리해지면 내가 매수자일 경우, 매도자가 올린 가격보다 더 저렴하게 살 기회를 잡는다. 중개사를 내 편으로 만들어놓아야 매도자나 매수자의 정보를 들을 수 있고, 협상할 때 더욱 수월하다. 보통 낯선 지역의 부동산 중개사무소에 가면 외지인인 나보다는 매도자가 중개사와 더 가깝다. 말 그대로 우리는 외지인이기 때문이다. 그러면 중개사를 어떻게 해야 내 편으로 만들 수 있을까? 바로 중개사에게 '단골이 되겠다'라는 믿음을 주면 된다.

부동산 중개사무소 소장님에게 우선 "투자자입니다"라고 솔직하게 말하자. 소장님께 칭찬과 경청은 당연지사다. 마음에 드는 물건을 발견했을 때 이렇게 나를 어필해보자.

"소장님! 당연히 잘해주시겠지만, 계약이 잘되면 항상 소장님과 거래를 꾸준히 하고 싶어요."
"아는 지인도 이 동네에 관심이 많아요. 제가 소개해드릴게요."
"계약하고 나서도 지금처럼 전월세 임차인 소개도 잘 부탁해요."

이렇듯 앞으로도 **'당신과 꾸준히 거래하고 싶다'**라는 인식을 주어야 한다. 그러면 부동산 중개사무소 소장님의 입장에서는 어떨까? 매도인은 집을 팔면 끝이지만, 매수하는 우리는 앞으로 거래를 계속할 수 있는 사람이라는 인식이 생긴다.

부동산 중개사무소 소장님을 내 편으로 만들고, 매도자보다 신뢰가 쌓이면 왜 거래 협상에 유리해질까? 바로 매도자의 판매 목적, 이유를 파악할 수 있기 때문이다. 예를 들어 매도자가 현재 일시적 2주택자인 상황이라고 해보자. 일시적 2주택자란 '첫 번째 집을 양도하기 전 새 집을 매수해 일시적으로 2주택이 된 경우, 첫 번째 주택을 취득한 날로부터 1년 이상이 지난 후 새 집을 취득한 날로부터 3년 내 첫 번째 집을 양도'하면 1가구 1주택자로 보고, 비과세를 적용할 수 있는 절세 방법이다(2023년 8월 기준).

만약 매도자가 두 번째 집을 취득한 후 얼마 뒤면 3년이 넘어가는 상황이 다가온다고 가정해보자. 그런데 첫 집이 팔리지 않는다면 어떤 심정이 들까? 어떻게 해서든 매도하고 싶을 것이다. 그런 심리적 압박을 가격 협상에 이용할 수 있게 된다. 또 청약이나 새 집을 매수하고 잔금을 처리해야 하는데, 자금이 부족해서 매도해야 하는 상황이라면 어떨까? 마찬가지로 집이 팔리지 않는다면 매도자는 마음이 초조해질 수밖에 없다. 우리는 부동산 중개사무소 소장님을 내 편으로 만들어 매도자의 '약점'을 알아야 한다. 그것을 이용해 가격 협상에 적용할 수 있다.

2. 공동 중개를 주의하라

중개사무소에 있는 매물들은 단독 중개 물건과 공동 중개 물건으로 나뉜다. 둘의 차이점은 말 그대로 한 매물을 단독으로 중개하는지, 공동으로 함께 매물을 중개하는지의 차이다. 어떤 중개사무소를 만나느냐에 따라 거래가 원활할 수도, 불편할 수도 있다. 내가 거래하는 물건이 공동인지, 단독 중개인지에 따라 협상할 때 유리한 점도 다르다. 보통 시장이 좋을 때 단독 중개가 많으며, 시장이 좋지 않을 때 공동 중개 물건일 확률이 높다. 시장이 좋을 때는 이 부동산 중개사무소, 저 부동산 중개사무소에 내놓지 않아도 잘 팔리기 때문이다. 둘의 차이점과 주의사항을 알아보자.

3. 단독 중개와 공동 중개

하나의 중개사무소에만 등록된 물건을 '단독 중개 물건'이라고 한다. 즉 매도자가 물건을 내놓은 부동산 중개사무소와 같은 부동산 중개사무소에서 매수자가 거래하는 경우다. 이때 부동산 중개사무소 소장은 매도자와 매수자 양쪽 모두 혼자 중개를 맡을 수 있다. 만약 거래가 이뤄지면 중개사무소 소장님은 매수자, 매도자 양쪽에서 수수료를 동시에 받을 수 있다. 단독 중개 물건을 거래할 때 내가 소장님과 좋은 관계를 맺는다면 매수자 입장에서는 가격을 협상하기 유리해진다. 내가 매도자 입장이라면 좋은 가격에 팔 수 있다.

반대로 '공동 중개 물건'은 말 그대로 하나의 물건을 가지고 공동으로 중개를 진행하는 물건이다. 즉 매도자 측 부동산 중개사무소 따로, 매수자 측 부동산 중개사무소가 따로 존재하는 경우다. 첫 투자 때 나는 공동 중개 물건을 투자했다. 처음에는 공동 중개인지 몰랐다. 허위 물건이거나 사기를 당하지는 않았지만, 두 번 다시 공동 중개 물건을 거래하고 싶지 않다. 이유는 중개사무소가 다르다 보니 의사소통이 잘되지 않았다. 또 내가 요구한 사항이 매도자 측 부동산 중개사무소로 잘 전달되고 있는지, 말로만 협의를 잘하겠다고 하는지 도저히 알 수 없었다. 이런 상황은 매도할 때보다 매수하는 상황에 더 답답함을 느낀다.

왜 의사소통이 되지 않을까? 내가 투자한 집을 예로 들어보자. 투자할 당시 오랫동안 세입자가 살던 곳이기 때문에 도배, 장판, 수전 등 손이 갈 곳이 많았다. 수리가 꼭 필요한 상황이었다. 추가적 수리비 발생으로 가격 협상을 요청했다. 그런데 이상하다고 느꼈다. 나의 담당 중개사무소 소장님의 답변이 답답할 정도로 느렸다. 나도 처음 하는 거래인지라 이게 당연한 줄 알았다. 알고 보니 공동 중개여서 사소한 질문을 하더라도 한 다리를 걸쳐서 질문이 전달됐고 답변도 마찬가지였었다.

내가 소장님에게 "가격 조절해주세요"라고 말하면, 소장님은 매도자 측 부동산 중개사무소에 "매수자가 가격 절충을 원하세요. 가능한가요?"라고 전달한다. 그러면 매도자 측 부동산 중개사무소는 매도자에게 "매수자가 가격 절충을 원한다"라고 또다시 전달해야 한다. 마치 예전 KBS 〈가족오락관〉 프로그램의 '고요 속의 외침' 게임과 같다. 답변 또한 마찬가지다. 역순으로 듣고, 나한테 대답이 돌아오는 것이다. 중간에 소장님들의 전달에 오류가 있을 시 매도자와 매수자 사이에 언짢은 감정을 줄 수도 있다. 정말 내 말을 전달했는지 확인할 방법도 없다.

앞서 말했듯 수리 때문에 가격 절충을 요청했다. 만약 매수·매도 어느 쪽이든 소장님 중 1명이 수리에 관한 내용은 생략한 채 가격 절충만 전달했다면 매도자가 들었을 때 '아니 로열동, 층에 이 정도 가격인데 다짜고짜 깎아달라고 하네? 안 팔고 말지'라고 받아들일 수 있다. 특히 매도자 측에서 급하지 않고 특별한 사유 없이 매도하는 경우는 감정이 상하면 계약이 어려워질 수도 있다. 이 상황을 우리는 알 리가 없다. 따라서 이런 상황들이 발생할 수 있으니, 단독으로 일대일 거래하는 단독계약이 아주 깔끔하고 협상에 유리하다.

4. 부동산 중개사무소 소장님의 달콤한 유혹

유혹은 '하지 말아야 할 것들뿐'이라는 말이 있다. 나 또한 충분히 부동산 중개사무소는 유혹의 장소라는 것을 인지하고 갔지만, 실전에서 흔들리지 않는 것은 쉽지 않았다. 부동산 중개사무소 소장님은 '이 사람은 내가 조금만 잘 구슬리면 살 것 같다'라는 이미지를 심어주면, 밤낮 가리지 않고 여러 가지 매물들을 전화나 문자로 꾸준히 연락을 준다. 첫 투자인 상황에 부동산 중개사무소 소장님이 '나 때문에 고생하는구나'라는 어리석은 생각까지 들 정도였다. 그때부터 문제였다.

"사장님, 저는 좋은 매물을 계속 보여드리는데 다른 사람 좋은 일 해주고 있어요. 이전에 보여준 매물은 벌써 다 나가고 없어요."

"전에 보여드렸던 매물 중 가격까지 깎아드리고 안 사시겠다 하니 집주인이 화가 났어요."

"결국 가격은 사장님께서 다 깎고, 싼 가격에 다른 사람 좋은 일만 시키고 있어요."

이런 식으로 나를 유혹하고 재촉했다. 부동산 초보자가 이런 말을 듣고 나면 불안하지 않을 수 없다. 하지만 결코 속아서는 안 된다. 반드시 내가 주도적인 상황을 만들어야 한다.

아파트를 사기 전 임장을 갈 때
꼼꼼하게 체크해야 할 것들

실제 현장에 가기 전 최대한 많은 정보를 획득해야 한다. 아무런 준비가 되지 않은 상태로 부동산 중개사무소에 가게 되면 무엇을 물어볼지도 몰라 벙어리가 될 수밖에 없다. 체크할 사항이 어떤 것인지 몰라서 시간 낭비하기 딱 좋다. 모르는 만큼 소장님의 언변에 휘둘리고 쉬운 먹잇감이 된다. 준비한 만큼 보인다. 부동산 중개사무소를 방문하는 목적은 '내가 공부하고 검색한 사실이 정말 일치하는지 확인'하기 위해서다. 여기서는 발품을 위한 손품을 준비할 때 필요한 과정을 이야기하려고 한다.

> **실제 현장 가기 전 준비 사항**
> ① 지역 커뮤니티, 지역 카페 검색하기(네이버 카페, 호갱노노, 아실 커뮤니티)
> ② 네이버 부동산 매물 현황 파악하기
> ③ 네이버 부동산과 호갱노노로 전반적인 시세 파악하기
> ④ 호갱노노로 학원가, 상가 위치 분석하기
> ⑤ 네이버 로드뷰로 전반적인 도시 분위기 느끼기
> ⑥ 부동산 방문 전 궁금한 질문 사전 준비하기

부동산 투자 공부 중에서 손품과 발품이 있다. 손품이란 '어떤 정보나 물건을 구하기 위해 컴퓨터 검색을 하는 수고'를 말한다. 즉 현장에 가기 전에 컴퓨터를 통해 얻을 수 있는 부동산 정보들을 수집하는 것이다. 발품은 반대로 '발로 직접 뛰는 수고'를 말한다. 실제 현장에서만 보고 느끼며 알 수 있는 정보들을 습득하는 게 이에 포함된다. 백문불여일견이지만, 현장 답사를 위한 발품 전에 반드시 집에서 정보들을 수집해야 한다. 손품이 있어야 현장에서 답이 보인다.

1. 지역 커뮤니티를 함께 이용하라

> "○○아파트 곧 이사할 예정입니다. 이 아파트에서 초등학교 보내기 어떤가요?"
> "직장 때문에 이사할 예정입니다. 직장 위치상 ○○동을 보고 있는데 어디 동네가 좋나요?"
> "여기 아파트 사시는 분 계시나요. 주차 자리 여유롭나요?"
> "이 동네에서 좋은 초등학교는 어딘가요?"
> "이 아파트 방음이 잘되나요?"
> "도배, 장판을 해야 하는데 잘 아시는 업체를 추천받고 싶어요."
> "분리수거는 편한가요?"
> "누수나 결로 현상은 없나요?"

위의 항목은 실제 사는 주민들만 대답할 수 있는 질문들이다. 이런 정보는 실제 현장을 나가더라도 알기 어렵다. 특정 아파트 단지는 더욱 그렇다. 해당 아파트에 직접 살아본 사람들만이 알 수 있는 경험과 정보는 현장을 가도 얻기가 힘들기 때문이다. 바로 이런 정보들을 '네이버 지역 커뮤니티 카페'를 통해 얻을 수 있다. 지역 커뮤니티의 최대 장점은 대부분 이용자가 30대 이상 여자다. 오랫동안 거주한 30대 이상 여성들은 해당 지역에서 육아까지 했을 확률이 높다. 아이를 키운다면 남자보다 집에 머물러 있는 시간이 대부분 많다. 학군부터 자녀를 위한 주변 시설에 대한 정보를 많이 가지고 있다.

커뮤니티를 통해 최대한 실제로 거주하는 사람들의 글들과 댓글 위주로 열심히 탐색하자. 그중 해당 아파트의 투자자들이나 업체 사장님들이 홍보를 위해 사탕발림으로 이야기하는지 잘 구별해야 한다. 그 사람들 눈에는 다른 아파트보다 본인이 투자한 아파트가 가장 좋아 보일 수밖에 없다. 커뮤니티에서는 투자자들 말보다 실제 거주하는 사람들로 판단되는 사람들의 이야기를 수집해야 한다. 이런 커뮤니티는 호갱노노의 '이야기', 아실의 '커뮤니티' 탭에서도 확인할 수 있다.

2. 다양한 사이트를 통해 전반적인 분위기를 파악하라

호갱노노, 아실, 네이버 로드뷰 등을 통해 현장을 직접 가지 않고도 얻을 수 있는 정보가 상당하다. 호갱노노를 통해서는 학원가 파악, 상권이 많은 곳은 어딘지를 알아본다. 심지어 요즘은 쿠팡 로켓배송과 배달의민족이 가능한 지역인지를 파악하는 것은 1인 가구 수요를 알 수 있는 데 중요한 역할을 한다. 아실을 통해서는 학군 분석을 통해 내가 투자할 아파트에 학군 좋은 중학교가 있는지 파악한다. 네이버 로드뷰를 통해서는 인근 학교까지 실제로 걸어보는 느낌으로 천천히 살펴보면서 주변을 확인하자.

호갱노노에 '빠른 배송 생활권'이라는 탭이 있다. 배송이 가능한 지역인지 파악하는 기능이다. SSG, 마켓컬리, 배달의민족, 요기요 등이 있다. 지방은 아직 쿠팡 로켓배송이 활성화되지 않은 곳도 있다. 쿠팡 로켓배송을 써본 사람이라면 아마 다 알 것이다. 지금은 없어서는 안 될 너무 편리한 배송 시스템이다. 직장 때문에 타지로 이사 온 1인 가구에는 더 필수다. 배달도 마찬가지다. 1인 가구에 쿠팡과 배달은 정말 소중하다. 개인적으로 쿠팡 로켓배송만큼은 없어서는 안 된다.

자료 4-3. 빠른 배송 생활권

상권이 밀집된 곳도 파악하자. 상권 분석에서 중요한 것은 유흥이 많은 상권이나 모텔 같은 기피 대상 상권이 내가 투자할 아파트와 인접하는지를 확인하는 것이다. 님비(Not in my backyard) 현상은 괜히 나오지 않는다. 내가 만약 세입자라면 인근에 단란주점, 모텔, 나이트클럽, 소각장 같은 시설이 많이 자리 잡고 있는데 그 아파트에 살고 싶겠는가? 만약 자녀까지 있다면 절대 살지 않는다. 유해 시설 확인부터 세입자가 좋아할 만한 상권이 근처에 있는지 확인하는 것이 좋다.

자료 4-4. 주변 상권 파악

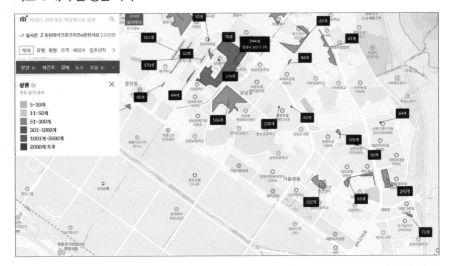

선호 시설은 무엇이 있을까? 집 앞에 다이소, 올리브영 심지어 스타벅스 같은 것이 있다. 유명 카페를 걸어갈 수 있다면 얼마나 편하고 행복할까? 중형 마트도 걸어갈 만큼 가까워 장을 볼 수 있다면? ATM이 집 앞에 있다면? 편의시설이 얼마나 가깝고, 어디에 위치하는지 파악하는 것은 정말 중요하다. 호갱노노의 '상권' 탭을 이용해 상가가 많이 분포된 곳을 파악한 후 자료 4-5처럼 거리를 측정해보자. 주로 어떤 상권이 형성되어 있는 곳인지 네이버 로드뷰를 통해서 확인하자.

네이버 로드뷰를 통해 실제로 임장을 간다고 생각하고, 동네 한 바퀴를 둘러보자. 컴퓨터를 이용하면 현장에서만큼 확실한 정보를 얻을 수는 없겠지만, 실제로 걸어 다닌다고 생각하자. 근처 편의점은 어디 있는지, ATM을 이용하려면 어떤 경로로 가야 하는지. '편의시설을 이용하려면 어떻게 가야 할까?'를 파악하고, 아파트 샛길을 발견하면 '지름길을 이용하면 더 빠르게 도착할 수 있겠네?'

자료 4-5. 아파트에서 상권까지 거리 측정

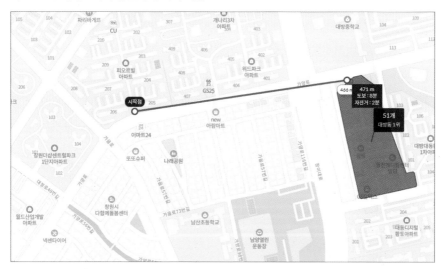

라는 궁금증으로 둘러본다. 주변 경사도 확인하자. 지도에서는 확인되지 않는 경사를 로드뷰를 통해 아파트가 언덕에 위치하는지를 꼼꼼히 살펴보자.

자료 4-6. 로드뷰로 보는 임장

이렇게 확인하는 이유는 역시 시간 절약을 위해서다. 현장을 방문하기 전 많은 손품으로 부동산 방문 당일 시간을 최대한 아껴야 한다. 물론 로드뷰는 최신 날짜로 업로드되지 않는다. 업데이트되지 않는 사이에 변화가 생겼을 수 있다. 하지만 이 정도는 현장 답사 날에 찾아가서 보면 된다. 버스 정류장은 가까운지, 어떤 버스가 다니는지도 확인한다. 실제 임장을 갔을 때 지하철이나 버스 같은 대중교통을 이용해보면서 구경하는 것도 좋다. 우리가 여행을 갈 때 예약했던 펜션처럼 '바다와 5분 거리'라는 말에 속아서는 안 된다. 직접 보고 느끼는 것이 좋다. 대중교통도 실제로 편한지, 가까운지 직접 타봐야 알 수 있기 때문이다.

자료 4-7. 아파트 내부 도로 로드뷰

출처 : 네이버 지도

손품 시 반드시 확인할 것들

① 직장과 거리가 가까운가?
② 교통은 편한가?
③ 아파트 가는 길, 상권이 많은 곳에 경사가 지지 않았는가?
④ 마트는 가까운가?

⑤ 상권은 잘 이뤄졌는가?

⑥ 편의시설은 어떤 것이 있는가?

⑦ 근처 비슷한 아파트보다 이 아파트의 장점은 무엇인가?

⑧ 이 아파트가 아니라면 대체할 좋은 아파트가 있는가?

⑨ 초등학교는 가까운가?

⑩ 학군은 어떤가?

⑪ 아파트 관리가 나름 잘되고 있는가? (로드뷰를 통해 확인)

⑫ 일자리 호재가 존재하는가?

⑬ 최근 호재가 있는가?

로드뷰로 전반적인 동네 구경과 함께 상가들을 둘러보며, 편의시설과 유해 업종이 존재하는지 확인을 끝마쳤다. 다음은 해당 지역을 다녀간 부동산 투자자들의 블로거들을 검색해보자. 우리는 초보 투자자이기 때문에 부동산 전문가보다 아무래도 놓치는 부분이 많다. 내가 빠뜨린 부분은 커뮤니티, 블로그로 보충하면 된다. 궁금한 점을 메모해서 부동산 중개사무소에서 말할 질문을 미리 준비해서 가야 한다. 질문을 할 때는 항상 "○○동에 호재가 있나요?"라는 식의 포괄적인 질문보다는 "○○도 이주 계획이 잡혀 있던데 사실인가요?", "리모델링 호재가 있는데 상황이 어떤가요?" 같은 좀 더 구체적인 질문이 좋다.

이런 질문들을 부동산 중개사무소에 하기 위해서 우리는 손품을 열심히 해야 한다. 내가 전문성 있는 질문을 할수록 부동산 중개사무소 소장님은 무시하지 않는다. 중개하기 위해 보다 최선을 다해 노력을 다할 것이다. 운까지 따라온다면 손품으로도 발견하지 못한 값진 정보를 알 수 있는 행운도 생긴다. 하지만 명심하자. 누구나 다 아는 호재는 먹을거리가 없다. 부동산에서 호재는 지하철 개통, 도로 개통 사업, 영화관이나 백화점 같은 시설이 들어오는 것을 말한다.

이런 호재를 보고 사서는 절대로 안 된다.

호재 중에서 우리가 주목해야 할 호재는 역시나 '일자리 호재'다. 투자자라면 반드시 일자리 호재를 파악해야 한다. '○○시 투자', '○○시 국가산업단지 투자', '○○시 일자리 투자' 등 뉴스를 검색해서 일자리 전망을 꼭 확인해야 한다. 국가산업단지의 대기업 투자, 일자리 호재를 발견했다면 규모는 어느 정도인지, 공장이 증축된다면 언제 완공이 되는지까지 알아야 한다. 다른 호재는 마지막에 보더라도 일자리 호재와 뉴스는 빠짐없이 살펴보자. 일자리만이 부동산의 미래임을 또다시 강조하고 싶다.

언제나 바쁘고 시간이 부족한 직장인들은 미리 손품으로 알아간 만큼 시간을 아낄 것이다. 알게 된 만큼 보일 것이다. 아무런 준비가 없으면 아무것도 보이지 않는다. 손품으로 얻어낸 정보보다 실제 현장에서 얻는 것이 '진짜 공부'다. 손품은 '진짜 공부'를 하기 위한 예습 과정이라고 생각하자. 이렇게 고생하는 시간에 남들은 주말에 어떤 명품을 사고, 어떤 술자리를 가질지 고민한다. 솔직히 그들이 정말 부러울 때도 있다. 원래 투자자는 외로운 법이다. 우리는 우리의 경제적 자유를 이뤄줄 아파트를 홈쇼핑하는 마음으로 지금은 최대한 인내해야 한다.

현장에 나갈 때
주의 깊게 봐야 할 것들

모든 것이 준비됐다면, 이제 현장을 나가보자. 부동산 중개사무소 소장님과의 약속 시간 전 미리 현장을 둘러보는 게 좋다. 이미 현장에 가기 전에 동네 분위기와 아파트를 손품으로 살펴봤기 때문에 더 익숙한 느낌이 든다. '내가 세입자라면 여기 살고 싶을까?', '어떤 편의시설을 이용할까?'라는 생각을 가지고 매의 눈으로 관찰하자. 근처 상가부터 살펴보고, 시간 여유가 있다면 인근 비슷한 수준의 다른 아파트도 본다. 직접 걸어 다녔다면 또 대중교통과 차로도 다녀보자. 여기서는 임장할 때 어떤 것들을 살펴야 할지 알아보자.

1. 집 구경 오는 손님들을 보며 깨닫다. 여자들의 눈이 정답이다!

내가 셀프 인테리어를 할 때 있었던 이야기를 잠시 하겠다. 나는 집을 내놓은 상태에서 셀프 인테리어를 동시에 진행했다. 소형 아파트라서 젊은 부부들이 많이 방문했다. 아직 수리가 완벽히 되지 않아 어수선한 상태였는데, 이상하게도 남편들에게는 반응이 좋았다. '계약하려나?' 내심 기대도 했지만, 모든 결정권은 부인에게 있었다. 남편들은 "자기야, 나는 좋은데?"라고 말해도 부인들은 썩 마음에 들어 하지 않았다. 그때 깨달았다. 집을 고를 때는 여자에게 최종 결정권이 있구나. 임장을 가더라도 여자가 좋아하는 아파트를 선택해야겠다고.

이후 아파트 임장을 갈 때 항상 어떤 요소들이 '여자들의 마음을 사로잡을까?'를 고민한다. 물론 인테리어도 마찬가지다. 먼저 남자 취향부터 생각해보자. 아파트를 볼 때 무엇을 볼까? 아마 당신이 남자고 자가용이 있다면 바로 주차장을 떠올린다. 남자들은 주차 공간이 생각보다 많고 넓으면, 이미 거기서 만사 오케이다. 반대로 여자들은 자녀가 있거나 자녀계획을 하고 있다면 '주차장이 넓구나'에서 끝나지 않는다. '우리 아이들이 여기 뛰어다니면 위험할 수 있겠구나' 하며 더 넓은 시야로 집을 본다.

임장은 이런 것을 판단하는 눈을 길러준다. 따라서 임장할 때는 여자의 눈으로 봐야 한다. 남자의 눈으로 주차장과 집 내부 인테리어만 보고 결정해서는 안 된다. 놀이터가 안전한지, 어떤 아이들이 놀고 있는지, 아이들이 어떤 옷을 입었는지, 지나가는 주민들은 어떤지까지 모든 것을 세세하게 살펴봐야 한다. 내가 세입자라면 점잖고, 착한 이웃이 사는 집을 살고 싶지 않을까? 우리 아이도 착한 아이들과 지냈으면 하고 바랄 것이다. 세입자도 마찬가지다.

내가 만약 여자라면 또 어떤 것이 있을까? 사생활과 보안이 빠질 수 없다. 구축 아파트라면 더욱 필수다. 신축 아파트는 1층이 필로티 구조라서 사생활 보호가 어느 정도 가능하다. 하지만 구축 아파트는 베란다와 주차장이 바로 앞에 있어서 사생활 보호가 전혀 안 되는 곳이 많다. 사시사철 커튼을 항상 치고 살아야 한다. 방범창은 필수다. 또 베란다와 주차장이 가까워 매연 탓에 공기가 안 좋다. 이런 이유로 나는 첫 투자에서 1층을 전혀 고려하지 않았다. 하지만 1층 투자가 100%로 나쁘다는 것은 아니다.

1층 투자가 항상 나쁜 것만은 아니다

① 로열층보다 가격이 10~20% 저렴하다.

② 흡연가들이 선호한다.

③ 나이 많으신 노인들이 선호한다.

④ 투자금이 적은 만큼 수익률이 증가한다.

⑤ 로열층과 1층의 전세, 월세 차이가 크지 않다. 내부 인테리어만 잘하면 로열 층만큼의 전세, 월세를 세 줄 수 있다. 적은 투자금으로 높은 수익률을 발생 시킬 수 있다.

⑥ 리모델링 호재가 있는 아파트에 유리하다. 리모델링이 될 경우 1층은 필로 티 구조가 되어 신혼부부가 선호하는 집이 된다.

⑦ 어린 자녀를 둔 가정은 소음 걱정이 없어 1층을 정말 사랑한다!

(하지만 나는 첫 투자였기 때문에 안전하게 로열동, 로열층을 매수했다.)

중앙 현관 자동문이 개인 비밀번호로 열리는 보안 관리를 하는 집인지도 확인하자. 구축 아파트일수록 대부분 개방형 아파트일 확률이 높다. 단지 관리가 잘되는 곳은 아파트 단지별로 1층에 경비소와 경비 아저씨가 24시간 상시 관리를 하는 곳도 있다. 남자도 마찬가지지만, 여자의 눈에는 이런 것 하나하나가 중요한 요소로 작용한다. 분리수거장도 마찬가지다. 신축 아파트는 매일 24시간 분리수거가 가능하지만, 구축 아파트는 요일제로 분리수거하는 곳도 있다. 꼼꼼히 확인해보자.

주차장만큼은 남자의 눈을 빌린다. 구축 아파트에서 지하 주차장의 유무는 굉장한 장점이다. 간혹 동별로 단지에서 지하 주차장이 연결된 단지도 있지만, 그렇지 않은 단지도 있다. 엘리베이터가 있어도 지하 주차장이 연결되지 않은 곳도 존재한다. 지하 주차장 유무만 확인해서는 안 된다. 꼭 내 눈으로 확인은 필수다. 발품을 팔면 여기저기 볼 게 참 많다. 그래서 임장을 갈 때 배우자나 부동산 스터디원과 같이 가면, 혼자서는 놓칠 수 있는 부분도 캐치할 수 있다.

2. 우리 집 근처에도 이런 것이 있었으면 좋겠다

이제 아파트 밖으로 나가보자. 우리 집 앞에 있었으면 하는 게 무엇인가? 세입자 입장에서 생각해보자. 여기서 팁이 있다. 단지 밖 편의시설과 동네 상권 분위기를 살필 때는 내가 투자할 아파트의 평수에 따라 조금 달리 생각해야 한다.

① 소형 평수 : 1인 가구, 신혼부부라서 교통과 편의시설을 중점적으로 생각한다(간혹 어린 자녀를 둔 부부의 소형 평수 아파트 수요도 있다. 단지 내 어린이집이 있으면 좋다).

② 중형 평수 : 자녀가 초등학교에 갈 때 대부분 30평대로 이사를 많이 한다. 즉 학교가 가까운지, 학교 가는 교통이 편리하고 안전한지 확인해야 한다. 호갱노노를 통해 학원가가 가까이 존재하는지 확인한다.

③ 대형 평수 : 대형 아파트는 언제나 '희소성'이 중요하다. 넓은 집은 어디서든 부러움의 대상이다. 투자 지역에 대형 평수 공급이 많다면 좋지 않다. 대형 평수의 경우 다른 아파트보다 재산적인 여유가 있는 가구의 수요가

많으므로 편의시설, 교통까지 골고루 확인이 필요하다.

여러 번 강조해도 지나치지 않은 것은 첫 방문 시 꼭 대중교통을 이용하거나 실제로 걸어 다녀보자. 주변 편의시설을 직접 걸어 다니면서 편리하게 이용할 수 있는 거리인지 확인하자. 분명 역세권이라고 했는데 거리만 가깝지, 건너갈 횡단보도도 많고 신호까지 긴 곳도 있다. 이런 곳은 직접 걸어보지 않으면 얼마나 소요되는지 모른다. 여기서 역세권의 기준은 사람마다 조금씩 다르다. 나는 지하철에서 내리자마자 화장실이 급한데, 집 화장실까지 빨리 갈 수 있는지, 없는지로 판단한다. 거리가 조금 있어서 지하철 화장실을 이용해야 한다면, 준역세권으로 생각한다.

근처 상가에 병원과 약국이 많으면 좋다. 나를 포함해서 가족들이 아플 때 차를 타지 않고도 이용할 수 있는 병원이 많다면 정말 편리하다. 게다가 소아청소년과가 근처에 있다면 정말 좋다. 지인 중에서는 "집 앞에 소아청소년과가 있으니, 생각보다 정말 편리하다"라고 말할 정도다. 대형 마트는 없더라도 중소형 마트 위치는 체크하자. ATM기는 요즘 모바일 이체로 사용 빈도가 줄었지만, 편의시설은 무엇이든 없는 것보다 있으면 좋다. 카페, 빵집, 유명 상품 제휴 본점 등 많을수록 좋다. 역시나 눈에 보이는 것은 전부 사진도 찍고 기록하자.

반대로 혐오 시설은 모텔, 단란주점, 마사지 가게, 나이트클럽, 고압 전선 등이 있으니 놓치지 말고 확인하자. 마지막은 개인적인 취향인데, 크지는 않더라도 가볍게 산책할 수 있는 산책로나 공원이 있으면 좋다. 코로나로 인해 캠핑, 건강 등 자연적인 요소가 부동산에서도 굉장히 중요하게 떠오르고 있다. 강변이 보이는 '리버 뷰', 산이 보이는 '마운틴 뷰'를 사는 지인들에게 물어봐라. "전망이 좋은 것은 며칠 안 간다. 하지만 운동하고, 산책하기 너무 편해서 다른 곳에 이사 가기 싫다"라고 하는 사람들이 꽤 있다.

임장할 때 기초적으로 어떤 부분을 살펴봐야 하는지 알아봤다. 당신의 개인적인 취향이 아닌 여자의 시선으로 현장을 둘러보자. 투자할 평수에 맞게 편의시설, 학교, 마트, 병원 등의 위치가 적절한지도 살펴봐야 한다. 마지막으로 몇 번이나 강조했지만 또다시 말하고 싶다. 부동산을 투자할 때 배우고 느끼고 알게 된 점은 시소한 것이라도 전부 다 기록하는 습관을 지녀야 한다. 사진 찍는 것도 물론이다! 우리의 기억을 절대 과대평가하지 말자.

좋은 집 고르는 법 :
1,000세대 이상 아파트, 로열동과 로열층

계속해서 숲이 아닌 나무를 고르는 법을 이야기하려고 한다. 전국에 수많은 아파트 중 대체 어떤 아파트를 골라야 할까? 아파트를 골랐더라도 어떤 집을 골라야 하는지 알아야 한다. 숲(지역)에서 나무(아파트)만 골라서는 안 된다. 나뭇잎(동, 호수)까지 보는 힘을 길러야 한다. 부동산 투자는 숲을 고르고 나무를 택한 뒤 나뭇잎과 나이테(집 안 내부)까지 살펴보는 것이다. 부동산 소장님은 무지한 사람과 잘 아는 사람을 귀신같이 알아본다. 당신이라면 무지한 손님이 왔을 때 어떤 물건을 주겠는가? 좋은 물건인 줄도 모르니 아무 물건이나 보여줄 것이다. 중개사무소에 가서는 절대 바보가 되면 안 된다. 지금부터 아파트를 선정하는 법을 알아보자.

1. 나는 이런 아파트가 좋다

내가 사는 지역에도 아파트가 참 많다. 우리 지역에서도 아파트를 고르기 힘든데, 다른 지역은 오죽할까? 아파트를 보고 있자니 눈앞이 캄캄할 만큼 선택

자료 4-8. 필터 기능

출처 : 호갱노노

지가 너무 많다. 하지만 걱정하지 않아도 된다. 호갱노노 '필터' 기능을 이용하면 우리가 투자할 수 있는 아파트만 보여준다. 필터를 사용해보자. 원하는 옵션에 맞게 세대수와 전세가율을 조절한다. 나는 투자금이 부족한 직장인이다. 30평 이하의 소형 평수 아파트를 집중적으로 본다. 평수만 골랐다고 끝이 아니다. 이제부터 시작이다. 부동산 투자가 참 재미있는 이유는 같은 아파트라도 동, 층마다 각각 전부 다른 가격과 특징을 가진다. 하나씩 살펴보자.

2. 1,000세대 이상 아파트

아파트를 고를 때 가장 중요한 것은 세대수다. 부동산 초보자일수록 더욱 중요하다. 세대수가 적을수록 난도가 높기 때문이다. 나 홀로 아파트도 마찬가지다. 세대수가 적고 나 홀로인 아파트는 거래량이 적어 좋은 집을 고르는 것보다는 타이밍이 더 중요하다. 그래서 초보자일수록, 첫 투자라면 1,000세대 이상 대단지 아파트를 추천한다. 적어도 700세대까지 나쁘지 않다.

세대수가 많은 대단지가 좋은 이유

① 커뮤니티가 많다
세대수에 따라 들어갈 수 있는 커뮤니티 시설들이 많거나 적어진다. 커뮤니티 시설에는 헬스장, 독서실, 어린이집 등이 있다. 최근 신축 아파트는 더 다양한 커뮤니티 시설을 만들어 경쟁률을 높이는 추세다.

② 세대수가 많으면 관리비가 적다
세대수가 많으면 관리비가 적다는 소리를 들은 적 있는가? 여기서 말하는 관리비는 전기, 난방, 수도 요금 등 개별 사용요금을 제외한 공용관리비를 뜻한다. 즉 세대수가 많으면 아파트 전체 공용관리비를 1/세대수로 나누어 금액이 내려간다.

세대수 구간별 공용관리비

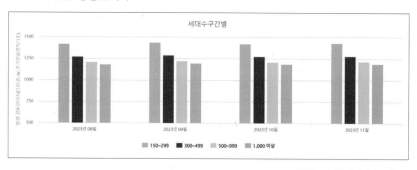

출처 : 공동주택관리정보시스템

③ 세대수가 많으면 주변 인프라 시설도 다양해진다
장사는 결국 사람이 많을수록 잘된다. 그만큼 사람이 많을수록 상권이 커진다. 상권이 커질수록 다양한 체인점과 편의시설이 입점할 것이다. 결국 그런 편리함이 입소문을 거쳐서 '살기 좋은 아파트'라는 타이틀을 가지게 된다. 또 상권이 바로 눈앞에 있으면 얼마나 좋겠는가?

④ 거래량이 많다
초보자는 반드시 대단지를 매수하라고 하는 가장 큰 이유다. 거래량이 많으면 왜 좋을까? 바로 현재 가격이 분명해진다. 마지막 거래가 2년 전인 아파트를

예시로 들어보자. 만약 2년 전이 부동산 대상승장이었지만 현재는 하락장이라면, 2년 전 가격으로 지금 매물로 올라온 아파트 가격이 합리적인지 초보자들이 구별하기 쉽지 않다.

3. 로열동, 로열층 선택하기

대단지일수록 단지 규모도 함께 거진다. 단지 한 바퀴를 걸으면 30분 넘게 소요되는 곳도 있다. 같은 아파트라도 전망부터 편리성에 따라 세대수가 많을수록 동별로, 층별로 가격 격차가 심해진다. 그러면 로열동, 로열층 말고 싼 집을 사면 좋을까? 그렇지 않다. 결국 투자로 돈을 벌려면 매도가 되어야 한다. 싸게 사도 안 팔리면 무슨 의미가 있는가? 부동산 분위기가 좋지 않으면, 사람들은 집을 살 생각을 전혀 하지 않는다. 하락장에서 발생하는 '중심지부터 번지는 전세의 파동' 원리(135p)와 같이 아파트 단지 안에서도 중심지(로열동, 로열층) 우선 선호 현상이 나타난다.

가장 좋은 것부터 거래가 된다는 뜻이다. 바로 이것이 우리가 로열동, 로열층을 선택하는 이유다. 상승장 때는 어떤 집이라도 잘 팔리겠지만 로열동, 로열층이라도 하락장이 닥쳤을 때는 매도가 어려워진다. 투자금이 부족한 월급쟁이인 만큼 아직 대장 아파트에 투자하지 못하기 때문에 더 오랜 시간이 필요할지 모른다. 초보자인 만큼 안전하게 대비하려면 비인기 층보다 다소 비싸더라도 누구에게나 인기 좋은 집을 사는 것이 좋다. 바로 하락장에서 가장 잘 팔리는 집을.

4. 로열동 vs 로열층

로열동이 우선인가요? 로열층이 우선인가요? 선택하라면 나는 동이 먼저다. 중요한 것은 층보다 동이다. 어떤 동을 사느냐에 따라 내가 누릴 수 있는 편리함이 정말 달라진다. 세대수가 많을수록 더욱 그렇다. 요즘 신축 대단지 같은 경우, 앞 동과 끝 동의 차이는 우리 집을 걸어가는 데 엘리베이터를 2번 타야 갈 수 있냐, 없냐의 정도로 차이가 나기도 한다. 단지 안에서 우리 집에 가는데 엘리베이터를 2번이나 타야 한다면, 이것은 같은 아파트라고 하기 힘들 정도 아닌가? 역세권인데 단지가 너무 커서 끝 동에서 지하철을 타려면 걸어서 15분이 넘게 걸린다면 어떻게 역세권이라고 말할 수 있겠는가?

또 어떤 동을 선택하느냐에 따라 우리 집의 조망이 달라진다. 탁 트인 남향에 높은 층수라면 햇빛도 잘 들어오고 바람도 잘 통한다. 앞에 공원이나 강변이 보이는 강 전망이라면 얼마나 좋은가? 반대로 동향에 앞 동에 가려진 저층이라면 조망은 기대도 못 하고, 하루 종일 햇빛도 들어오지도 않을 것이다. 구축 아파트는 대부분 향이 일정하다. 남향이면 전부 남향, 동향이면 전부 동향인 아파트가 많다. 이럴 때는 앞에 다른 동이 없어 조망이 잘 보이는 역세권 아파트라면 지하철과 가까운 동이 로열동일 확률이 높다.

> **실제 사는 주민들이 생각하는 로열동이 진짜 로열동이다**
>
> ① 만약 전망이 트였지만 베란다 문을 열었을 때 3차선, 4차선에 자동차가 많이 다니는 도로가 자리 잡고 있다면, 전망이 트였다고 좋아할 집이 아니다. 소음과 매연으로 고통받을 수 있으니 이럴 경우는 앞 동 바로 뒤의 동이 로열동이 될 수 있다.

로열층은 그러면 어디일까? 네이버 부동산에 아파트를 검색 후 '동호수/공시가격' 탭을 이용하면 동, 층별로 가격대에 따라 색이 달리 표현되어 있다. 공시가격이 비쌀수록 분홍색으로, 저렴할수록 파란색으로 표시된다. 높이가 높을수록 로열층임을 알 수 있다. 공시가격에 따라 대출도 달라진다. 은행에서 대출을 실행할 때 내가 매수한 아파트의 공시가격을 확인하기 때문이다. 공시가격이 다르면 대출받을 때 저층과 고층을 같은 가격에 매수하더라도 저층이라면 대출이 적게 발생할 수 있다.

자료 4-9는 네이버 부동산 '동호수/공시가격' 탭을 누르면 나오는 아파트 동의 상세 모습이다. 두 아파트의 다른 점을 발견했는가? 바로 최상층의 공시가격이다. 왼쪽은 창원 더샵센트럴파크 2단지로 최상층이 저층과 같은 파란색이다. 이렇게 고층이라고 해도 최상층의 가격이 낮게 측정되기도 한다. 그 이유는 뒤에서 설명하겠다. 로열층은 탑층을 제외한 상위 30% 정도다. 예시로 15층 아파트라면 15층을 제외한 9~10층부터 14층까지 로열층이다. 그다음 선호 층은 저층 〉 탑층(소음이 적다. 하지만 춥고 덥다) 〉 1층(사생활 노출 위험)으로 생각하면 된다.

자료 4-9. 창원 더샵센트럴파크 2단지 202동(좌), 잠실 파크리오 102동(우)

2901	2902	2903	2904
2801	2802	2803	2804
2701	2702	2703	2704
2601	2602	2603	2604
2501	2502	2503	2504
2401	2402	2403	2404
2301	2302	2303	2304
2201	2202	2203	2204
2101	2102	2103	2104
2001	2002	2003	2004
1901	1902	1903	1904
1801	1802	1803	1804
1701	1702	1703	1704
1601	1602	1603	1604
1501	1502	1503	1504
1401	1402	1403	1404
1301	1302	1303	1304
1201	1202	1203	1204
1101	1102	1103	1104
1001	1002	1003	1004
901	902	903	904
801	802	803	804
701	702	703	704
601	602	603	604
501	502	503	504
401	402	403	404
301	302	303	304
201	202	203	204

2301	2302	2303	2304	2305	2306	2307	2308
2201	2202	2203	2204	2205	2206	2207	2208
2101	2102	2103	2104	2105	2106	2107	2108
2001	2002	2003	2004	2005	2006	2007	2008
1901	1902	1903	1904	1905	1906	1907	1908
1801	1802	1803	1804	1805	1806	1807	1808
1701	1702	1703	1704	1705	1706	1707	1708
1601	1602	1603	1604	1605	1606	1607	1608
1501	1502	1503	1504	1505	1506	1507	1508
1401	1402	1403	1404	1405	1406	1407	1408
1301	1302	1303	1304	1305	1306	1307	1308
1201	1202	1203	1204	1205	1206	1207	1208
1101	1102	1103	1104	1105	1106	1107	1108
1001	1002	1003	1004	1005	1006	1007	1008
901	902	903	904	905	906	907	908
801	802	803	804	805	806	807	808
701	702	703	704	705	706	707	708
601	602	603	604	605	606	607	608
501	502	503	504	505	506	507	508
401	402	403	404	405	406	407	408
301	302	303	304	305	306	307	308
201	202	203	204	205	206	207	208
101	102	103	104	105	106	107	108

출처 : 네이버 부동산

아파트를 살 때
주의해야 할 2가지 포인트

앞서 좋은 집을 고르는 법을 알았다. 반대로 구매 시 피해야 할 집은 없을까? 사실은 좋은 집을 찾는 것보다 안 좋은 집을 피하는 게 더 중요하다. 반복하지만 부동산 중개사무소에서는 항상 좋은 물건은 더 좋게 보이도록, 안 좋은 물건은 좋아 보이게 눈속임할 것이다. 안 좋은 집만 피해도 최악을 피하고, 중간은 간다. 합리적인 가격으로 매수했다면 중간 물건들은 상승장 때 안전하게 매도할 수 있다. 하지만 안 좋은 물건들은 남들 다 오를 때 안 오르고, 남들 내릴 때는 같이 내릴 수 있다. 아파트를 고를 때 주의할 집을 알아보도록 하자.

1. 모서리 집은 피해라

자료 4-10에서 모서리를 찾아보자. '호'의 기준으로 보면 1호와 8호 라인이 모서리다. '층'의 기준으로 본다면 탑층인 15층과 1층이 아파트의 모서리가 된다. 물론 탑 층 같은 경우 층간 소음에서 벗어나는 장점이 있어 선호하는 사람도 있다. 1층 또한 앞서 말했듯 1층의 장점을 원하는 세입자들이 존재하긴 하지만, 모서리에 포함되는 것은 사실이다. 그런데 모서리라는 단어만 들어도 피하고 싶은 마음이 든다.

자료 4-10. 모서리 집

1501	1502	1503	1504	1505	1506	1507	1508
1401	1402	1403	1404	1405	1406	1407	1408
1301	1302	1303	1304	1305	1306	1307	1308
1201	1202	1203	1204	1205	1206	1207	1208
1101	1102	1103	1104	1105	1106	1107	1108
1001	1002	1003	1004	1005	1006	1007	1008
901	902	903	904	905	906	907	908
801	802	803	804	805	806	807	808
701	702	703	704	705	706	707	708
601	602	603	604	605	606	607	608
501	502	503	504	505	506	507	508
401	402	403	404	405	406	407	408
301	302	303	304	305	306	307	308
201	202	203	204	205	206	207	208
101	102	103	104	105	106	107	108

출처 : 네이버 부동산

그렇다면 왜 모서리를 피해야 할까? 모서리는 아파트의 보호막과 같다. 모서리 라인들은 외벽이라 여름에는 덥고 겨울에는 정말 춥다. 현재 나도 저층의 모서리 층에 살고 있다. 실제로 여름에는 제일 덥고, 겨울에는 너무 춥다. 정말 모서리 층이라서 이런 현상이 발생하는지 궁금했다. 중간 호, 층 이웃 주민들에게 물어봤다. 우리 집은 더워서 24시간 에어컨을 틀어야 하는 날에 중간층 주민은 "우리 집은 밤에 시원해서 문 열고 바람도 잘 불어요"라고 해서 깜짝 놀랐다.

겨울도 마찬가지다. 한겨울에 우리 집은 항상 두꺼운 옷을 입고 생활한다. 중간 집은 더워 반소매를 입고 생활한다. 이렇게 모서리 층만 피하더라도 전기세와 생활 만족도가 하늘과 땅 차이다. 굳이 모서리 층을 구입하겠다면 꼭 알아두

어야 할 것이 있다. **구축일수록 단열 여부와 베란다 새시는 알루미늄이 아닌 새 새시로 교체됐는지 꼭 확인해야 한다.** 그렇더라도 모서리 집은 덥고, 춥다는 것을 각오하고 매수하는 것이 최악의 집을 피하는 방법이다. 아니면 모서리 층들은 저렴한 가격으로 매수하는 전략으로 단점을 보완하는 것이 좋다.

요즘에는 신축 아파트의 건설 기술이 좋아졌다. 구축에서 발생하는 덥고, 추운 현상이 최상층은 더 이상 없다고 말하는 경우가 종종 있다. 소문대로 정말 그럴까? 지인 중 1명은 2021년에 입주한 신축 아파트 최상층에 거주한다. 처음 입주했을 때는 최상층의 전망과 층간 소음에서 벗어나 만족도가 높았다. 하지만 이 행복도 잠시. 매미 소리가 하늘을 찌르는 여름부터 문제가 시작됐다. 옥상에 내려온 태양 잔열이 한밤까지 내려가지 않아 에어컨을 틀어도 30도 이하로 내려가지 않는다는 것이다(아까 말하지 않은 탑층이 공시지가가 낮은 이유다. 모서리 집이라서 그렇다).

2. 나 홀로 아파트를 조심하라

아파트는 대부분 여러 아파트가 모여 상권을 형성하고, 주거 단지를 만든다. 그런데 저 멀리 외롭게 혼자 있는 아파트가 보인다. 바로 나 홀로 아파트다. 네이버 부동산에 들어가서 이 아파트를 검색해보면 이상한 점을 쉽게 발견할 수 있다. 최근 실거래를 확인하면 대부분 나 홀로 아파트는 거래가 뜨문뜨문 있거나 몇 년 전에 거래된 경우가 많다. 이것이 나 홀로 아파트를 조심해야 하는 이유다. 실제 주변에 나 홀로 아파트가 있다면 확인해보자. 대부분 거래가 적다. 거래량이 없다는 것은 사람들의 관심도가 떨어진다는 것이다. 아무리 좋고, 유명 건설사 아파트라도 거래가 없다면 뭐가 중요하겠는가?

사람들의 관심이 없게 되면 사람들의 시선에서 벗어나게 된다. 아무리 좋아도 매수까지 이어지지 않는다. 그러면 내가 아파트를 사게 되더라도 매도가 필요한 시점에 집이 팔릴까? 어려운 상황이 만들어질 수 있다. 하지만 나 홀로 아파트라고 무조건 사면 안 되는 것은 아니다. 나 홀로 아파트는 그 아파트의 가치보다 바로 '시점'이 중요하다. 다른 아파트보다 나 홀로 아파트는 매수 타이밍이 매우 중요하다. 하지만 나 홀로 아파트를 상승기 고점에 매수하는 순간, 평생 함께해야 할 재테크로 치명적인 결점이 될 수 있다.

이런 이유로 나 홀로 아파트는 오랜 시간이 지나도 가격이 오르지 않는다. 만약 나 홀로 아파트에 세대수까지 적다면 더욱 조심해야 한다. 세대수가 적을수록 투자자에게는 투자 대상 아파트에 포함되지 않기 때문이다. 집값은 실거주자만으로 올라가지 않는다. 투자자들이 있어야 상승할 수 있다. 투자자들은 호갱노노 '필터' 탭에서 항상 세대수를 조절해서 투자할 아파트를 선정한다. 세대수가 적다면 화면에 나타나지도 않을뿐더러 나 홀로 아파트라 발견조차 못 할 위험이 있다. 필터링 지도에 아파트가 나오지도 않는다는 뜻이다.

그러면 나 홀로 아파트는 절대 사면 안 되는 것인가? 꼭 그렇지만은 않다. 앞서 말했듯 나 홀로 아파트를 매수할 때는 '시점'을 보고, 판단해야 한다. 그러면 그때는 언제인가? 바로 **'인근 아파트들의 가격이 상당히 올랐을 때'**다. 오랜 기간 멈춰 있었던 나 홀로 아파트의 가격이 오르는 시기는 오직 인근 아파트들이 상당히 올랐을 때밖에 없다. 이것 또한 호수에 던진 돌멩이의 파동 현상 같다. 중요한 것은 인근 아파트가 오르면 반드시 오르는 것이 아니다. 인근 아파트가

'충분히' 올랐을 때다.

　인근 아파트가 충분히 상승했다면 사람들은 집을 사는 데 부담을 느낀다. 그때는 사람들이 무엇을 살까? 아직 오르지 않은 아파트가 눈에 들어온다. 나 홀로 아파트라는 치명적인 단점이 다른 아파트가 전부 상승한 시기에는 '가격'이라는 장점이 생겨버린다. 이 상황에서 나 홀로 아파트가 상승할 수 있는 이유는 아파트는 주변 아파트 가격과 키 높이를 맞추게 되는 현상 때문이다. 주변 아파트 가격에 맞게 나 홀로 아파트도 일정 수준 가격으로 자연스럽게 맞춰지게 된다. 같은 평수 주변 아파트가 10억 원 이상이 넘을 때 나 홀로 아파트가 4억 원대라면 말이 안 되는 이치와 같다.

> **왜 키 맞춤 현상이 일어날까?**
> 주변 아파트 집값이 10억 원 이상으로 올라가면 전세가격도 마찬가지로 5억 원, 6억 원, 7억 원으로 상승했을 것이다. 그러면 그때 나 홀로 아파트의 전세가격이 저렴하다면 어떨까? 아무리 나 홀로 아파트라도 합리적인 대안이 된다. 바로 '가격' 때문이다. 전세 수요가 증가하면 전세가격이 올라갈 것이다. 마찬가지로 전세가격이 오르면 하방경직성 현상으로 매매가격도 자연스럽게 올라가게 된다.

　이렇게 '모서리 집, 나 홀로 아파트라도 반드시 사면 안 된다'라고는 할 수 없다. 하지만 당신이 부동산 초보자이거나 첫 투자를 한다면, 난도 높은 아파트는 되도록 피하자. 더 많은 수익을 줄 수 있을지는 모르지만, 어려운 투자보다 기본에 충실하길 바란다. 2가지 경우 모두 매수 시점도 중요하지만, 매도 시점은 더욱 어렵다. 운이 좋게 내가 사자마자 집값이 올라간다고 하더라도 매도 시기를 놓쳐버리면 수년간 고생해야 한다. 안전하고 오래가는 투자의 길을 택하자.

아파트를 사기 전 아파트의
외부와 내부 시설을 살펴보는 법

이제 아파트를 선정했다면 아파트 외부부터 내부까지 더욱 꼼꼼히 살펴볼 필요가 있다. 현장을 볼 때는 반드시 기회는 한 번이라는 다짐으로 봐야 한다. 아무 생각 없이 걷기만 하면 다리만 아플 것이다. 현장은 오감을 이용해서 봐야 한다. 타지에 왔다면 두말하면 잔소리다. 역시나 '여자의 눈'으로 바라봐야 한다. 주차장만 달랑 보고 오는 게 아니다. 내가 태어나서 가장 비싼 물건을 사러 온 것이다. 명품 가방을 살 때 나의 모습을 떠올려 봐라. 얼마나 정성이 가득했는가? 아파트는 그것보다 10배, 50배 더 비싸다는 것을 잊지 마라.

임장을 하고 왔는데 다리 아프게 걷기만 해서는 안 된다. 눈, 코, 입, 귀를 모두 사용해야 한다. 눈은 내가 인터넷으로 조사한 부분과 다른지, 같은지 찾는다. 코는 매연이 많이 나오는 도로나 공장이 있는지, 악취가 나는 상가 라인, 분리수거장 상태를 찾는다. 입은 궁금한 부분이 있다면 아파트 주민, 식당 사장님, 심지어 떡볶이를 판매하는 포장마차에도 주저하지 말고 물어본다. 가장 중요한 것은 귀와 눈이다. 어떤 사람들이 어떤 말을 주고받는지도 유심히 관찰해야 한다. 우리 집에 님비를 느낄 요소들이 있어서는 안 된다.

먼저 아파트 주변을 크게 돌아보자. 아파트 단지를 따라서 도로부터 상가까지 천천히 살펴본다. 아파트 주변 상가는 1층을 주로 확인한다. 상가 1층에 음식점들이 형성되어 있으면 좋다. 1층은 다른 층수 상가보다 임대료가 비싸다. 비싼데 손님이 많고, 장사가 잘된다면 이곳에 사람들이 많이 지나간다는 뜻이다. 특정 요일에 열리는 시장이 바로 앞에 있어도 마찬가지다. 장사하는 사람들은 사람이 많이 지나가는 곳을 잘 안다. 음식점도 많고, 요일제 시장도 열리는 것은 유동 인구가 많고, 세입자가 이용하는데도 참 좋다.

단, 상가를 볼 때 주의할 점이 있다. 만약 대단지 아파트라면 상가 형성이 정문에만 형성되지 않고, 후문 쪽에도 형성될 수 있다. 단지가 클수록 정문과 후문의 거리가 꽤 멀어서 같은 아파트 단지 상가라고 해도 분위기가 다르다. 실제로 내가 현장을 다녀본 아파트에서도 정문 1층에는 식당 상가가 즐비하고, 거리에는 포장마차에 분식을 먹는 손님도 많았다. 은행, 우체국, 편의점 등 편의시설이 많았다. 그러나 후문에는 재개발을 준비하는 것처럼 완전히 상가가 죽어 있었다. 편의점 하나 없었다. 그러면 우리는 어떤 동을 선택해야 하는지 말하지 않아도 알 것이다.

아파트 주변 도로도 확인한다. 내가 도착한 시간대에 차량이 얼마나 지나는지, 막히는지, 소음은 심한지, 다른 시간에는 어떨지 상상력을 펼친다. 우리는 직장인이라 대부분 주말에 임장을 갈 것이다. 만약 주말 낮에 아파트 바로 앞 갓길에 차가 한 대도 없다면 아주 좋다. 바로 아파트에 주차 공간이 여유롭다고 유추할 수 있다. 주차장이 쾌적한지, 자리가 여유로운지는 어떤 아파트를 선택하더라도 매우 중요하다. 같은 길을 걷더라도 공부하고 준비한 자들만이 이런 생각과 시야를 가질 수 있다.

자료 4-11. 아파트 주변 도로

아파트 중에서도 단지 전체를 외벽으로 감싸 사생활을 보호하고 있는 단지도 존재한다. 이런 아파트는 어떤 생각을 해야 할까? 바로 '저층 아파트는 24시간 해가 안 들 수 있겠구나', '어느 층까지 벽에 가려졌을까?', '외벽이 있어 단지가 보호받는 느낌을 주는 것은 좋지만, 저층 아파트는 피해야겠구나'까지 생각해야 한다. 자료 4-12와 같이 아파트 1층은 외벽에 가려져서 보이지도 않는다. 그렇다면 외벽이 없는 게 괜찮을까? 절대 아니다. 집 베란다 앞에 나무가 무성하면 외벽이랑 다를 것이 없다.

자료 4-12. 아파트 외벽

외벽은 사생활을 보호한다   1층은 보이지도 않는다   무성한 나무가 있는 1층은
                                                     해가 들어오기 힘들다

베란다 창문을 열면 눈앞에 나무가 무성한 집은 정말 추천하고 싶지 않다. 나무가 가려지고, 안 가려짐에 따라 조망권은 천지 차이이다. 남향이라도 남향이 아니다. 들어와야 할 햇빛과 바람이 전혀 들어오지 않는다. 여름에 모기랑 매미 소리만 가득히 집 안을 채울 것이다. 바로 현재 내가 사는 집이 그렇다. 이런 단점이 있으면 같은 층수, 같은 남향이라도 가격 차이가 발생할 수밖에 없다. 임장이란 이런 것이다. 인터넷에서는 절대 볼 수 없는 정보를 획득하는 것이다.

자료 4-13. 아파트 정문 차량 단속기

출처 : 필자 작성

아파트 정문을 보자. 요즘 신축 아파트는 당연하지만, 구축 아파트에는 차량 단속기가 없는 곳이 상당히 많다. 만약 20년이 넘는 아파트에 이런 시설들이 존재한다는 것은 관리가 꾸준히되고, 유지를 잘하고 있다는 증거다. 차단기만 봐도 '이 아파트는 관리를 꾸준히 하는 아파트구나'라는 생각이 든다. 내가 자료 4-13의 사진을 찍었을 당시 토요일 오전 11시대였다. 오가는 차량이 제법 많았다. 휴무 날 출차가 많은 것을 보면 '휴무를 즐기러 가는 사람들이 제법 있구나?', '여유 있는 사람들이 제법 살겠구나' 하는 생각이 든다.

자료 4-14. 지하 주차장

출처 : 필자 작성

지하 주차장은 아파트 정문에서 본 예상과 일치했다. 차단막 유무를 보고, 아파트 단지 관리를 잘할 것이라고 예상했다. 주말 오전임에도 주차 공간은 넓었고, 깨끗했다. 페인트칠도 깔끔하게 칠해져 있었다. 주차 칸은 주차하는 데 불편함 없이 넓게 그려놨는지도 확인하자. 속물이라고 느낄 수도 있지만, 단지에 어떤 차들이 주차되어 있는지도 확인하자. 외제 차가 많다면 여유 있는 사람이 많이 산다는 뜻이다. 구축이라도 외제 차가 많다는 것은 구축임에도 만족도가 높다는 뜻이다.

자료 4-15. 아파트 놀이터

출처 : 필자 작성

단지 내부도 마치 주민이 된 것처럼 다녀본다. 커뮤니티 시설이 있다면 마찬가지로 관리가 잘되는지도 확인한다. 놀이터에는 어떤 아이들이 있는지 본다. 근처에 아이들 부모나 주민들이 있다면 무슨 이야기를 하는지도 엿들어 보자. 만약 엄마들이 있다면 곧 이사를 올 예정인 사람처럼 질문을 던져보자. 내가 궁금했던 부분부터 아파트를 둘러보면서 궁금했던 점을 최대한 많이 물어보면 좋다. 부동산 중개사무소 소장님보다 더 정확한 것이 실제 사는 주민들이기 때문이다.

이렇게 여러 가지 방면으로 아파트 단지 외부부터 내부까지 둘러보자. 아파트 단지에서 상가까지 가는 동선을 보고, 출입구까지 거리는 너무 멀지 않은지를 살펴보자. 아파트 안의 게시판은 잘 운영되는지, 커뮤니티 시설은 어떤 것이 존재하는지 또 잘 운영되고 있는지, 시계탑이 있다면 시침이 잘 움직이고 있는지도 보자. 복도식 아파트라면 복도에 새시가 있는지, 없다면 여름과 겨울에는 덥고, 춥지는 않을지 판단하자. 주차장은 쾌적한지, 내려가는 계단은 안전하고 청결을 유지하는지도 반드시 봐야 한다. 이 아파트에 처음이자 마지막으로 온다는 생각으로 최대한 꼼꼼하게 살펴보자. 지겹겠지만 다시 한번 강조한다. 보고, 느끼고, 알게 된 것은 기록 또 기록하자. 사진도 마구마구 찍자.

집 내부 꼼꼼히 살피기 ⑴
인테리어 현혹금지, 조망과 햇빛,
소음과 냄새, 기타

집 구경을 갔을 때 무엇을 봐야 할까? 의외로 처음 현장에 가면 긴장되고 어떤 것을 봐야 할지 어렵다. 또 집주인이나 세입자 눈칫밥에 봐야 할 것을 놓치기도 한다. 집에 돌아가는 길에 생각나서 무릎을 탁 치며 후회한 적도 있다. 아파트 외부는 가는 게 번거로울 뿐 몇 번이나 더 볼 수 있다. 하지만 집 구경은 그렇지 않다. 내가 정말 집을 꼭 산다면 한 번 봤던 집을 다시 보여줄 수 있겠지만, 내가 놓쳐서 보지 못한 부분을 다시 보려고 한다면 매도자든, 소장님이든 꺼릴 수 있다. 하나씩 살펴보자.

1. 인테리어에 속아 알맹이를 놓치지 말자

집 구경을 갈 때 가장 주의할 것은 바로 화려한 인테리어에 속아 계약하는 것이다. 대학 시절 자취방을 고른 적이 있다. 부동산 중개사무소 소장님은 다른 매물보다 학교와 거리도 가깝고, 편의시설이 많은 집을 보여줬다. 입지가 좋은 매물을 계속 보여줬다. 하지만 나는 어리석게도 집 안 인테리어만 집중했다. 아무리 위치가 좋아도 그런 곳은 오래된 주황색 톤의 주방과 타일로 내 마음에 쏙 들지 않았다. 결국 신축 건물에 도배, 장판, 주방까지 올 화이트 톤의 예쁜 집에 반해 계약했다. 학교와 거리도 멀고, 1층이었음에도 불구하고!

문제는 이사 첫날부터 시작됐다. 인테리어만 보고 그 자리에서 당장 계약해서 다른 것을 미처 살피지 못한 게 화근이었다. 1층이라 첫날부터 바퀴벌레들이 괴롭혔다. 또 지상이랑 같은 높이라 사생활 따위는 전혀 없었다. 덕분에 살면서 한 번도 문을 열어보지 못했다. 수압도 약하고, 부일러도 잘되지 않았다. 이렇게 집을 고르거나 살 때는 절대 인테리어를 보고 가치를 판단해서는 안 된다. 사실 나뿐만 아니라 대부분 인테리어가 예쁜 집이 더 기억이 남고, 좋은 집처럼 보인다**(이렇게 자취방 하나를 고르더라도 부동산 공부는 꼭 해야 한다)**.

물론 인테리어가 잘되어 있으면 플러스 요소가 된다. 인테리어가 된 집은 인테리어에 필요한 추가 비용도 절약이 된다. 여기서 말하는 것은 집을 선택하는 데 있어서 인테리어가 우선이 되어서는 안 된다는 것이다. 인테리어는 이후에 내 입맛대로 충분히 변경할 수 있기 때문이다. 그렇다고 집 구경을 갔을 때 인테리어를 신경 쓰지 말라는 것도 아니다. 매물로 올라온 집들이 어느 정도 인테리어를 했는지는 파악해야 하기 때문이다. 그래야 세입자를 구할 때 어느 정도 인테리어를 해야 할지, 우리 집이 가장 좋아 보이는지 견적을 잡을 수 있다. 이 **감정적인 요소에 내가 흔들릴 것이 아니라 바로 세입자의 마음을 흔들어야 한다!**

2. 조망과 햇빛이 먼저다

같은 아파트라도 가격 차이가 발생하는 이유에 조망과 햇빛이 빠질 수 없다. 그만큼 집을 보러 갈 때 조망과 일조량 유무 확인은 가장 중요하다. 이 2가지는 동, 층별로 다를뿐더러 시간에 따라 달라진다. 현장에 가서는 반드시 창밖에 보이는 조망을 꼭 확인하자. 베란다만 확인할 것이 아니라 창문이 있는 방은 전부 다 확인해야 한다. 여러 집을 구경하면 어떤 집 전망이 좋았고 나빴는지 잊게 된다. 꼭 집주인이나 세입자에게 양해를 구하고 사진을 남겨 놓는다.

시간별로 해의 위치가 다른 것도 파악하자. 고층일수록 해가 오랫동안 뜨고, 층이 낮으면 잠시 햇빛이 들어왔다가 금세 바로 앞 단지에 가려 햇빛이 안 들어올 수 있다. 24시간 현장에서 일조량을 관찰할 수 없다. 이전에 소개한 호갱노노 '아파트 일조량' 탭과 직방 '3D 단지 투어' 기능을 활용해서 일조량을 미리 확인하자. 특히 호갱노노는 아파트 단지 전체 확인이 가능하다. 덕분에 해가 가장 잘 들어오는 동, 층수를 확인할 수 있다. 여기서 저층이라도 해가 잘 들어오는 동도 체크한다.

자료 4-16. 아파트 일조량 확인

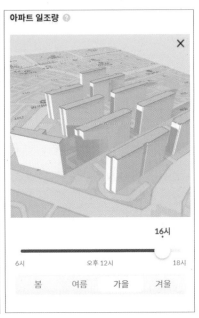

출처 : 직방 3D단지투어(좌), 호갱노노(우)

저층이라면 나무 '종류'도 살펴보자!

현재 내가 사는 집은 저층이다. 365일 햇빛이 들어오지 않는다. 분명 남향인데 왜 그럴까? 바로 나무 때문이다. 저층이라면 베란다 앞에 나무가 있는지, 없는지 확인하고, 어떤 나무인지도 확인해야 한다. 나무 종류도 다양하다. 활엽수라면 겨울철에는 잎이 다 떨어져서 겨울에는 햇빛을 막지 않지만, 침엽수는 다르다. 겨울에도 잎이 그대로라 365일 햇빛을 다 가리게 된다. 우리가 잘 아는 대표적인 침엽수 중 하나는 소나무다. 사실 베란다 바로 앞에 나무가 무성하다면 매수를 추천하지 않는다(벌레와 모기가 매일 괴롭힐 것이기 때문이다. 하지만 집값이 다른 매물 대비 상당히 싸다면 예외다).

3. 소음과 냄새

창문을 통해 조망과 햇빛을 확인했다면 소음과 냄새 유무도 확인한다. 이 2가지를 확인하기 위해서는 창문을 열어야 알 수 있다. 만약 조망이 4차선이 넘는 넓은 도로나 공장, 놀이터라면 더욱 그렇다. 냄새는 바로 앞에 상가가 많이 있으면 음식점 냄새가 올라올 수 있다. 저층이라면 더욱 그렇다. 만약 냄새가 많이 날 것 같은 위치라면 바퀴벌레나 벌레들이 많이 생기는 것도 예상해야 한다.

한 아파트를 구경 간 적 있다. 2,000세대가 넘는데, 단지에서 지하철과 대학병원도 가까웠다. 평수도 다양했다. 그중 내 눈에 들어온 것은 남향인데, 바로 앞에 아파트 단지가 없는 트인 경치였다. 기대에 부풀어 집에 가보니 햇살도 많이 들어오고, 생각보다 집 상태도 정말 마음에 들었다. 그런데 이게 무슨 일인가! 뻥 뷰(앞에 단지가 없는 뻥 뚫린 경치)를 기대하고 갔는데, 바로 앞에 공장이 빼곡히 줄지어져 있던 것이었다! 매연 걱정에 차마 문을 열기가 쉽지 않아 보였다. 이것이 실제 현장에서 얻을 수 있는 정보다.

자료 4-17. 뻥 뷰 아닌 공장 지붕 뷰

출처 : 필자 작성

4. 동 간 거리와 아파트 단지 모양을 확인하라

구축 아파트의 경우 대부분 남향이면 전부 남향이고, 동향이면 전부 동향으로 지어진 단지가 많다. 그렇지 않고 만약 향이 다양할 경우 동 간 거리 확인은 필수다. 동 간 거리는 주로 건폐율에 따라 차이가 난다. 건폐율이 높을수록 동 간 거리는 좁아진다. 동 간 거리가 짧은 경우 사생활에 침해받게 된다. 특히 '기역'자 와 '사선'형으로 배치가 이뤄진 곳은 그럴 확률이 높다. 동 간 거리가 짧으면 짧을수록 층이 높아 앞의 단지로 인해 해를 다 가리게 된다. 따라서 단지 모양을 꼭 확인하자. 현장에서는 문을 열어서 반드시 사생활 침해가 우려될 수 있는지도 체크하자.

용적률과 건폐율

건폐율
건물 밀도를 나타내는 말이다. 대지 위 지어진 건물 바닥면적 비율을 말한다. 즉 건폐율이 높을수록 같은 대지에 차지한 건물 면적이 높아진다. 건폐율이 높을수록 단지 수가 많거나 단지 간격이 좁다.

용적률
대지면적 대비 건물 연면적 비율이다. 대지면적 대비 건물을 얼마나 높게 지을 수 있는지를 나타내는 비율이다. 건폐율은 대지면적 대비 1층 바닥면적 비율을 말하는 것이라면, 용적률은 건물의 모든 층의 바닥을 포함한 비율이다. 즉 용적률이 높을수록 높은 층수의 건물을 지을 수 있다. 용적률은 대지 용도에 따라 비율이 달라진다.

건폐율과 용적률이 낮을수록 아파트가 쾌적하다. 건물 사이 간격도 줄어들고, 앞 단지의 층수도 낮아 일조량이 증가하고 조망권까지 좋을 수 있다.

집 내부 꼼꼼히 살피기 (2) : 주방, 거실, 화장실, 안방, 조명, 새시

창밖으로 보이는 조망과 일조량을 확인했다면 내부를 살필 차례다. 집 안 내부는 화장실, 주방, 거실, 안방, 신발장 등이 있다. 집 안을 살펴볼 때도 여자의 눈으로 바라봐야 한다. 여자가 가장 좋아하고 많이 사용하는 공간은 어디일까? 바로 '주방'과 '화장실'이다. 주방과 화장실이 다른 곳보다 중요한 이유는 '비싼 수리비'도 포함된다. 주방과 화장실이 수리되지 않거나 오래됐다면 인테리어를 해야 한다. 다른 곳보다 인테리어 비용이 많이 발생한다. 도배와 장판은 소모성 이더라도 싱크대 수리나 화장실 타일보다 비용이 적게 든다. 하나씩 알아보자.

1. 집을 볼 때 가구가 있고 없고의 차이는 굉장하다

집을 구경할 때 여러 매물을 봐야 하는 이유가 있다. 바로 같은 아파트와 같은 평수라도 구조가 아예 다르고, 분위기도 전부 다르기 때문이다. 구조가 같은데 어떻게 분위기가 다를 수 있을까? 바로 가구와 가전제품의 유무와 차이에서 발생한다. 사람 없는 집에 온기가 없듯 가구와 가전제품의 유무에 따라 도배,

장판 톤만큼 집의 분위기가 180도 바뀐다. 누가 사느냐에 따라 다르고, 가구 모양, 톤, 물건 개수에 따라 같은 평수라도 넓어 보이고 좋아 보이며 비싸 보이기도 한다. 그렇기 때문에 최대한 현장에 방문하게 된다면 많은 매물을 보고 오는 것이 좋다.

2. 주방과 화장실은 여자의 공간이다

남자에게는 주차장이 소중하다면, 여자에게는 주방과 화장실이 가장 소중하다. 그만큼 나는 싱크대와 화장실 상태를 가장 중요하게 본다. 비싼 수리비가 들기 때문이다. 남자는 넓은 주차 공간에 반하고, 여자는 넓은 주방과 싱크대에 반한다. 우리가 현재 사는 집만 보더라도 그렇지 않은가? 살아 보면 생각보다 주방에 가전제품과 짐들을 많이 넣어둔다. 주방을 볼 때 냉장고, 전자레인지, 가스레인지 등 가전제품을 어디에 배치할지 염두에 두면서 보자. 냉장고 같은 큰 가전부터 상상하면서 배치하면 파악이 더 잘된다.

후드가 있다면 작동이 잘되는지 확인한다. 작동한 상태에서 휴지를 붙여보고 잘 붙는지 확인한다. 쓰기 나름이지만 보통 수명이 5~6년 정도다. 싱크대 위아래로 수납공간이 여유로운지 확인한다. 최대한 서랍이 많을수록 보관할 공간이 생겨 좋다. 가스레인지는 매립형인지 확인한다. 아니라면 따로 가스레인지를 구매해야 한다. 가스레인지는 2구, 3구 다양하지만 크게 비싼 제품은 아니니 큰 걱정은 하지 않아도 된다. 이왕 사려면 3구를 추천한다. 계단식 구조 아파트는 베란다나 다용도실이 붙어 있는 경우가 많다. 주방이 너무 크다고 또 좋은 것은 아니다. 뭐든 적당한 게 좋듯 주방이 너무 커버리면 다른 방이 좁아져 예쁜 구조가 나오지 않기 때문에 적당한 크기의 주방이 좋다.

(1) 화장실

화장실 또한 여자들이 많이 사용하고 아끼는 공간이다. 너무 작지 않은지 확인한다. 콘센트가 없으면 드라이기, 고데기, 비데를 사용하기에도 불편하니 반드시 위치를 확인한다. 수압 체크를 할 때는 싱크대, 샤워기, 세면대 물을 튼 상태에서 변기 물을 내려본다. 수압이 괜찮다면 세면대 수압이 내려가지 않고 물이 잘 나올 것이다. 만약 구축 아파트라면 UBR로 인테리어 된 곳인지 확인한다. UBR이란 'Unit Bath room'의 줄임말로, 강화 플라스틱 재질로 만들어진 바닥, 벽, 천장, 욕조를 현장에서 조립하는 것을 말한다.

즉 바닥에서 벽체, 천장에 이르기까지 일체화 조립형 구조로 이뤄진 형태다. 당일 시공이 가능하니 매우 경제적이며 효율적이라고 말할 수 있지만, 내가 매수할 집이 노후화되어 리모델링이 필요하면 철거와 리모델링 비용은 2배 넘게 발생한다. UBR인지 확인하는 방법은 벽을 두드려 보는 것이다. 두드리면 플라스틱 소리가 난다. 기본 욕실이 150만 원 정도 수리 비용이 든다면, UBR 욕실은 수리 비용이 300만 원부터 시작한다. 수전이나 샤워기, 휴지걸이 등 소모품이 녹슨 부분은 염려하지 않아도 된다. 이 부분은 다음 장에서 다뤄보도록 하겠다.

(2) 보일러

아파트에 난방 종류는 중앙난방, 개별난방, 지역난방이 있다. 보통 난방비는 개별난방이 적게 나오고, 중앙난방이 가장 많이 나온다. 그중 개별난방 아파트는 보일러가 집마다 있다. 이때 보일러 연식을 꼭 살펴야 한다. 보일러 연식은 보일러 앞에 '스티커'로 붙여 놓는다. 대부분 수명이 7년 정도 된다. 보일러가 오래됐다면 매도자와 협상해서 가격을 협상하는 것이 좋다. 협상하지 못한다면 교체를 감안하고 매수하는 게 좋다. 교체 가격은 약 80만 원 정도다.

자료 4-18. 난방 방식별 공용관리비

출처 : 공동주택관리정보시스템

솔직히 고백하겠다. 나는 투자할 때 보일러를 확인하지 못했다. 결국 꼼꼼하게 보지 못했기 때문에 추후 고장이 나면 교체 비용이 발생하게 될 것이다. 계약 전에 알았더라면 수리할 부분에 대해 어필해서 가격을 협상할 때 조금이라도 깎을 수 있었을 것이다. 이렇게 집 안을 꼼꼼하게 살펴보는 것은 단순히 좋고, 예쁜 집을 찾기 위해서가 아니다. 장점을 찾는 것도 중요하지만 **단점과 수리할 점을 찾는 게 더 중요하다.** 노후화되고 수리가 필요한 부분을 찾아 '가격 협상'에서 우위에 서기 위함이다.

(3) 현관문과 신발장

오래된 집일수록 현관문이 녹슬고 휘어진 곳이 많다. 현관문과 신발장은 집의 첫인상이다. 문이 휘어졌으면 문을 여닫을 때 바닥에 끌리거나 쇠 갈리는 소리가 날 수 있다. 녹슨 것은 나중에 셀프 인테리어로 시트지를 바르거나 페인트 칠해서 다른 집과 차별성을 줄 수 있다. 두 방법 모두 어렵지 않다. 신발장은 수납장이 여유로운지 확인한다. 1인 가구라도 슬리퍼부터 구두까지 다양한 신발이 있으니 넓을수록 좋다. 센서 등도 작동이 잘되는지 확인하고, 고장 났을 시 추후 교체하면 된다.

(4) 도배, 장판

지저분하고 낡은 집이라도 도배와 장판만 깨끗하다면 집이 새 집처럼 보인다. 말끔한 정장 차림과 같다. 오랫동안 거주하는 사람이 있었다면 도배와 장판은 교체해야 한다는 것을 염두에 둬야 한다. 도배와 장판은 소모성이다. 깨끗한 흰색 톤이라도 이사 후 짐을 다 빼면 뺀 자리에 먼지, 찍힌 자국, 곰팡이로 인해 다시 도배, 장판을 새로 해야 할 확률이 높다. 그만큼 지금 도배, 장판의 상태는 중요하지 않다. 결로 현상은 없는지, 곰팡이는 어디에 쓸었는지 윗집에서 발생한 누수 자국은 없는지를 확인해야 한다. 장롱 뒤편, 에어컨, 냉장고 등 가구 뒤편을 직접 손을 넣어 보거나 눈으로 확인해야 한다.

자료 4-19. 결로 현상으로 인한 곰팡이로 전체 도배 작업을 한 방

출처 : 필자 작성

(5) 거실, 방

거실과 방 구조가 괜찮은지 확인한 뒤 낮이라면 불을 모두 끄고, 방마다

불 없이도 밝은지를 확인한다. 집에 햇살이 많이 들어와야 불 없이 낮에 생활도 가능하다. 난방비도 절약할 수 있다. TV, 에어컨, 수납장, 옷장 등 가구 배치도 염두에 두며 본다. 콘센트 개수와 위치가 적절한지를 본다. 베란다가 있는 거실과 방에 창문이 있다면 결로 현상이 있는지를 본다. 결로 현상은 주로 겨울에 발생한다. 특히 단열이 되지 않는 창문이 있는 부분에 물방울이 생기고 도배지가 습해지면서 곰팡이가 생긴다. 창문이 있는 벽면을 반드시 유심히 살펴야 한다.

(6) 조명, 새시

현관문 센서부터 방에 있는 조명까지 오래됐거나 유행이 지난 조명인지도 확인한다. 조명 하나로도 분위기가 확 바뀔 수 있다. 꼼꼼히 살펴보고 교체 여부를 판단해야 한다. 비싼 조명이 아니더라도 조명 하나로 집에 포인트를 주기에 좋다. 새시도 오래되지 않았는지 실리콘에 곰팡이는 없는지, 주저앉은 곳이 없는지 창문을 여닫아 보며 확인한다. 새시 종류는 하이새시(플라스틱)가 가장 좋다. 알루미늄 새시는 단열이 잘되지 않고, 바람이 많이 불면 흔들거려 소음이 심하다. 한 가지 팁을 드린다면, 밖에서 베란다를 바라보자. 새시를 교체한 세대가 많은지 살펴보는 것이다. 한 아파트 단지는 고층에도 새시를 교체한 곳이 많지만, 다른 아파트는 저층에도 교체한 곳이 없다면? 저층에도 새시가 없는 아파트가 더 단열이 잘되는 곳이다.

아파트는 소모품이다. 시간이 지날수록 노후화되고 곰팡이, 누수, 결로가 발생할 수 있다. 모든 게 다 수리 비용으로 추가 비용이 발생한다. 이렇게 집 안 현장에서는 장점보다 단점이 어떤 것이 있는지 보려고 노력해야 한다. 모든 것이 다 돈이다. 단점과 수리할 곳을 보는 시야를 기른다면, 현장에서 바로 얼마의 수리비가 발생할 것이라는 게 나올 것이다. 곧바로 머릿속에서 어림잡아 계산해서 매도자와 가격 협상에 유리하게 작용하도록 만들 수 있게 된다. 이렇게 협상에서 가격도 깎을 수 있고, 수리를 안 해도 되는 깨끗하고 좋은 집을 매수한다면, 수리하는 데 필요한 시간까지 절약하게 될 것이다.

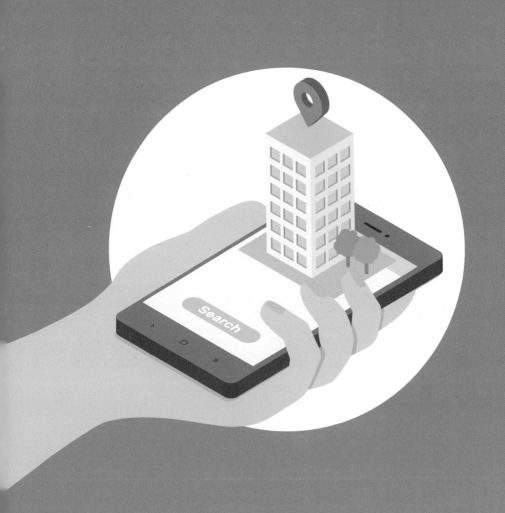

5장

아파트를 사고 나서
해야 할 것들

인테리어 하면 아파트 가치가 달라진다 : 셀프 인테리어 방법

집 계약 전 현장에서 확인한 부분 이외에도 오래된 집일수록 수리할 부분은 반드시 발생한다. 이 챕터는 인테리어 할 때 알아야 할 것들에 관한 이야기다. 좋은 집을 사는 것도 중요하지만, 인테리어는 세입자에게 매력을 어필하는 데 있어서 필수다. 인테리어는 집 안에 온기를 불어주는 힘이 있다. 집 구경을 왔을 때 세입자에게 깨끗하고 예쁜 집을 보여준다면 좋은 첫인상을 남길 수 있다. 첫 인상은 누구에게나 강렬한 기억을 남긴다. 집이 깨끗하고 예쁘면 집주인으로서 좋은 신뢰감을 줄 수 있다. 입장을 바꿔 생각해도 그렇지 않은가? 하나씩 알아보자.

1. 먼저 내가 살 집이 아니라는 것을 명심하자

누가 봐도 새 집 같고 예쁜 집을 만들려면 어떤 방법이 있을까? 솔직히 말해 '돈'을 많이 투자하면 된다. 인테리어는 견적이 높을수록 고급스러워지고 예뻐진다. 하지만 비싸다고 다 좋은 것일까? 비싸고 좋은 인테리어는 단점이 있다.

첫째, 수익률이 떨어진다. 우리는 자본금이 없다. 투자금을 최대한 절약해야 한다. 투자금이 많이 들뿐더러 수익성이 떨어진다면 좋은 방향이 아니다. 둘째, 인테리어가 너무 좋으면 세입자들이 오히려 부담스러워한다. 세입자는 '잠시' 머물 곳을 찾을 뿐인데, 너무 화려한 인테리어면 오히려 부담을 느낀다. 또 가격이 인테리어 때문에 비싼 것 아닌가 하는 오해를 준다. 셋째, 인테리어에 많은 돈을 써도 집값에는 영향을 주지 않는다. 내가 1,000만 원 넘게 비용을 투자하면 다른 집보다 경쟁률을 높일 수는 있겠다. 하지만 1억 원짜리 아파트가 1억 1,000만 원이 되지는 않는다. 인테리어도, 집도 모두 소모품이다. 같은 조건인데 인테리어가 된 1억 1,000만 원짜리 집보다 1,000만 원 적은 1억 원짜리 집을 사는 것이 합리적이지 않은가? 싼 집을 구매해 내 취향대로 꾸미는 게 더 낫다는 것이다. 이 3가지 이유로 세입자를 위한 인테리어는 무조건 최소한으로 하고 '**가성비**' 있는 인테리어를 해야 한다.

여기서 가성비란 무엇일까? 도배, 장판, 조명 등 교체 대상을 교체하지 않거나 저렴하게 하라는 뜻이 아니다. 물론 저렴한 업체와 매장을 찾아야 하는 것은 맞다. 내가 말하는 가성비란 우리 집 단지에 내놓은 전세, 월세 물건과 **비슷한 정도**를 말하는 것이다. 적어도 '중간'은 먹고 들어가는 수준을 말하는 것이다. 인테리어를 파악하기 위해서는 현장에 있는 매물들을 많이 볼수록 좋다. 인상 깊은 인테리어는 나중에 참고할 수 있게 소장님과 집주인에게 허락받고 사진을 찍어두도록 한다.

인테리어가 처음이라 엄두가 나지 않는다는 사람이 있을 것이다. 나도 마찬가지로 인테리어에 관심도 없었다. 단 한 번도 해본 적이 없었기 때문에 애초에 어려운 인테리어법은 소개하지 않을 것이다. 누구나 다 할 수 있는 초보 인테리어들만 소개할 것이다. 사실 그렇게만 해도 충분하다. 또 우리가 할 수 없는 것들은 전문업자를 불러서 레버리지를 이용하면 된다. 물론 비용이 더 들겠지만, 시간과 퀄리티 두 마리 토끼를 다 가질 수 있기 때문에 무리하지 않는 선에서 전문가를 이용해도 좋다.

2. 내 집 첫인상의 90%는 도배와 장판으로 결정된다

세입자를 위한 인테리어의 가장 기본은 무엇일까? 바로 도배와 장판이다. 도배, 장판만 깨끗하게 해놓아도 세입자를 구하는 데 큰 어려움이 없을 정도다. 낡거나 유행이 지난 벽지와 장판을 교체만 해줘도 집 안의 분위기가 확 바뀌고 새 집 같아 보인다. 가장 적은 돈으로 헌 집을 새 집으로 바꿀 수 있는 것이기 때문에 반드시 교체하는 것이 좋다. 작은방은 네이비 같은 어두운 다른 색 벽지로 포인트를 줄 때도 있지만, 무난하게 하얀 벽지가 가장 좋다. 나는 월급쟁이라서 자금이 부족했기 때문에 도배, 장판 모두 셀프 인테리어를 했다.

벽지 종류는 실크 벽지와 합지 벽지 2가지다. 합지 벽지는 실크 벽지보다 친환경적이며, 종이 재질이라 통풍성이 좋다. 하지만 종이 재질인 만큼 합지 벽지보다 내구성이 떨어져 금방 손상될 수 있다. 얇기도 얇아서 벽이 울퉁불퉁하다면 그대로 그 표면이 드러난다. 실크 벽지는 합지 벽지와 달리 종이가 아닌 PVC 재질이다. 그만큼 내구성이 뛰어나고 오염 물질에 강하다. 뭐가 묻더라도 잘 닦인다. 미관상 합지 벽지보다 매끄러워 보이는 장점도 있다. 하지만 가장 큰 단점은 실크 벽지는 합지 벽지보다 **가격이 비싸다.**

내가 **거주할 집이 아니라면** 합지 벽지를 바르는 게 좋다. 나 또한 합지 벽지를 발랐다. 도배할 때 제일 힘들었던 부분은 천장에 벽지를 바를 때였다. 내가 매수한 집은 작은방에 결로 현상으로 검은 곰팡이가 피어나는 상황이라 천장까지 전부 교체가 필요했다. 여러분이 셀프 인테리어를 하고 싶다면, 집 구경할 때 천장의 벽지 상태를 반드시 확인하자. 천장은 초보자는 혼자 하기 힘들고, 2명이 해도 힘들다.

인터넷에서 직접 도배지에 풀을 바르지 않아도 되는 '풀 바른 벽지'를 구매할 수 있다. 풀을 바르지 않은 벽지보다 가격이 비싸긴 하지만 초보자가 사용하기 편하다. 천장까지 모두 교체가 필요하거나 시간상으로 부족하다면 업자를 부르는 것이 좋다. 나도 다음 계약 시 또 결로 현상이 발생한다면 업체를 부를 생각이다. 레버리지를 아까워하지 말자! 마지막으로 주의사항은 도배 작업이 끝나고 절대 바로 환기를 시키면 안 된다. 갑작스러운 온도 변화로 벽지가 벌어질 수 있다.

셀프로 장판 시공하기

장판이 더 어려워 보이겠지만 오히려 도배 작업보다 수월하다. 소형 평수라면 셀프 인테리어를 적극적으로 추천한다. 유튜브에 '장판 시공법'이라고 검색하면, 아주 상세하게 나오니 걱정하지 않아도 된다. 동영상 몇 개만 봐도 어느 정도 감을 잡을 수 있을 만큼 어렵지 않다. 장판을 구매할 때는 투자 지역 주변 장판 집을 몇 군데 전화해서 가장 저렴한 곳으로 결정한다. 사장님이 직접 오셔서 사이즈를 측정해주시는 곳이 있으니 문의하도록 하자.

혹시 셀프 인테리어가 아닌 업체를 통해 수리한다면, 반드시 여러 업체를 알아봐야 한다. 또 지인과 중개사무소 소장님이 인테리어를 할 때 아는 사람을 소

자료 5-1. 셀프 장판 시공

출처 : 필자 작성

개해줄 때가 있다. 물론 좋은 업체를 소개해줄 것이지만, 반드시 다른 업체에서도 견적을 받아야 한다. 인테리어 시공은 물건을 사는 것이 아니라, 시공 후 사후까지 연결되는 부분이기 때문에 믿고 맡겼는데 문제가 발생하면 관계만 틀어질 수 있다. 자동차를 친한 지인이나 아는 사람에게 사지 않는 것과 비슷하다. 차 또한 고장 나도 아는 사이면 찝찝해도 참고 넘어가는 상황이 생기기도 한다.

여러 업체를 알아보라고 한 또 다른 이유는 업체별로 스타일도 다르고, 그만큼 견적 비용이 전부 상이하기 때문이다. 한두 곳만으로는 비교가 어려우니 최대한 여러 곳에 견적을 받도록 한다. 5곳 정도 견적을 받으면 어느 정도 가격선이 잡힌다. 만약 가격 차이가 발생한다면 어디서 가격이 발생하는지 이유를 꼭 물어본다. 업체마다 어떤 장단점이 있는지 명확해진다. 또 원하는 디자인과 목적을 명확하게 말해야 한다. 같은 기준으로 업체와 견적을 뽑아야 가격 비교가 명확해지기 때문이다.

첫째, 이 집은 내가 살 집이 아니라 세입자가 살 집이라는 것을 말한다. 둘째, 가장 저렴하게 하고 싶다고 말한다. 예를 들어 흰색 톤인 도배, 장판 견적을 낸다면 흰색 톤 중 가장 싼 것을 찾고 있다고 명확하게 말하는 것이다. 같은 흰색 톤이라도 고급 벽지나 장판이 아닌, 저렴하고 가성비 좋은 재료들로 견적서를 뽑아 줄 것이다. 현장 때 찍어둔 사진이나 원하는 디자인의 사진을 미리 준비해서 보여주는 것도 좋다. 가장 저렴한 업체 3군데를 뽑아 한 번 더 가격 협상을 해서 깎아보자. 이중, 삼중으로 제일 싸게 해주는 업체를 선정하는 것이고, 또 투자금을 줄일 수 있다.

실제로 내가 직접 인테리어를 해보거나 업체를 부르면서 느낀 점은 바로 '현장에서 일하는 전문가들에 대한 존경심'이다. 유튜브를 보면 도배든, 페인트칠이든 누구나 쉽고 간단하게 할 수 있는 것처럼 설명한다. 하지만 뭐든지 해봐야 안다고 결국 얕봤다가는 큰코다칠 수 있다. 초보자일수록 많은 시간과 온 정성이 필요하다. 여유자금이 있다면 큰 시공들은 업체를 부르는 것이 솔직히 가장 좋고 편하다. 괜히 전문가가 전문가라고 불리는 것이 아니기 때문이다. 비용이 발생한 만큼 시간도 아끼고, 좋은 결과물을 남기는 방법도 정답이다.

이제까지 인테리어 할 때 몇 가지 주의사항을 알아봤다. 내가 만약 실거주인 집을 사더라도 인테리어에 큰돈을 쓰는 것은 추천하지 않는다. 내 집 마련의 행복에 취해 불필요한 소비를 줄이란 뜻이다. 이곳에서 멈출 게 아니라 앞으로 더 나아가야 하지 않는가? 앞서 말했듯 인테리어는 집값에 영향을 주지 않는 '소모품'이다. 실거주하더라도 최소한의 인테리어로 해라. 그래서 상급지로 이사하기 위한 자금을 모으길 바란다. 또 인테리어도 부동산과 마찬가지로 '발품'이 필요하다. 스스로 저렴하고 만족스러운 '가성비' 업체를 찾아야 한다.

저렴한 비용으로
최고 상태의 집으로 만드는 법

도배, 장판 등 기본적인 수리를 했다면 세입자가 들어올까? 물론 들어올 수 있다. 나는 운이 좋게 계약금을 넣고 잔금 처리까지 매도자가 4달이나 기간을 줬다. 그런데 4달 동안 당연히 세입자를 구할 수 있을 것으로 생각했지만, 내가 매수했을 당시 부동산 분위기가 죽은 하락장 시기라 단지 내 전세와 월세 물건이 넘쳐났다. 아파트 전체 거래량이 죽은 시기였다. 결국 계약까지 다음 세입자를 구하지 못해 공실이 발생했지만, 단 2주 만에 새로운 세입자를 구할 수 있었다. 바로 우리 집은 단지 내에서 가장 센스 있고 예쁜 집이었기 때문이다. 지금부터 나만의 인테리어 팁을 공유하겠다.

1. 포인트를 살려 가장 예쁜 집 만들기

앞서 말했듯 인테리어에 돈을 많이 쓸수록 고급스럽고 좋은 집이 탄생한다. 하지만 나는 자본금이 부족했기 때문에 '가성비 인테리어'로 최고의 효과를 보고 싶었다. 조명, 시트지, 페인트칠 등 비용이 얼마 들지 않는 재료들로 집 분위기를 180도로 바꾼 것이다. 주말마다 셀프 인테리어를 하러 먼 길을 떠났다. 내가 수리하고 있을 때도 세입자들이 집 구경을 오곤 했는데 수리가 되면 될수록, 즉 집이 예뻐질수록 집을 보러 오는 분들의 반응이 점차 달라지는 것을 느꼈다. 결국 인테리어가 마무리되고 일주일도 안 되어 계약은 문제없이 마무리했다.

(1) 현관문이 예뻐야 처음부터 기분이 좋다

자료 5-2는 인테리어 전 현관문이다. 당신이 세입자라면 문을 열기 전부터 어떤 생각이 드는가? 아마 '아, 집이 오래됐네'라는 생각과 함께 문을 열 것이다. 첫인상부터 끌리지 않는데, 다른 게 눈이 들어오겠는가? 반대로 아파트 임장을 가거나 내가 사는 아파트에서 다른 집 현관문이 남색, 갈색 등 다른 집들과 다르게 페인트 도색이나 시트지를 바른 곳이 종종 보인다. 그런 집을 보면 '안에는 얼마나 깨끗하게 인테리어를 했을까?' 하는 호기심을 준다.

현관문 인테리어는 페인트칠이나 시트지를 바를 수 있다. 나는 시트지를 사용했다. 색상은 각자의 취향에 따라 자유롭게

자료 5-2. 인테리어 전 현관문

출처 : 필자 작성

선택하면 되지만, 여러 집을 다녀봤을 때 '어두운 네이비 톤' 색상이 가장 고급스럽고 예뻐 보였다. 만약 셀프 페인트칠을 한다면, 현관은 외부에 강한 내구성 있는 제품을 사용해야 한다. 값비싼 외국 제품도 있지만, 근처 페인트집을 방문해서 현관문 페인트 작업을 한다고 말하자. 페인트집에서 안내받은 페인트와 재료를 사용하면 된다. 페인트칠할 때 필요한 제품은 붓, 롤러, 트레이, 페인트, 퍼티, 보양제 등이 있다.

페인트칠히는 법을 간단히 말하자면, 먼저 퍼티를 이용해 평탄회 작업을 한다. 현관문은 외부와 맞닿아 있어서 녹슬고 페인트가 까진 부분이 많다. 퍼티란 그런 울퉁불퉁한 부분을 메꿔주는 접착제 같은 재질이다. 긁혀 있고 구멍 난 부분을 메꾼 뒤 사포를 이용해 평탄화 작업을 한다. 이런 전 처치가 필요한 이유는 바로 페인트를 바르면 울퉁불퉁하고 구멍 난 부분이 그대로 드러나 예쁘게 발라지지 않기 때문이다. 퍼티는 2~3시간 건조해준다. 퍼티가 마르면 페인트칠을 시작하는데, 페인트가 묻으면 안 되는 곳에 꼭 보양제(마스킹 테이프)를 발라준다.

붓보다는 롤러로 바르는 것을 추천한다. 붓으로 바르면 넓은 면적에 시간이 오래 걸릴뿐더러 무엇보다 붓 살(붓칠 흔적)이 남아 예쁘게 발라지지 않는다. 붓은 롤러가 들어가지 않는 틈새 부분에만 사용하도록 한다. 롤러 사용이 힘든 형태가 복잡한 부분도 마찬가지다. 페인트는 한 번에 많이 바르는 것이 아닌 여러 번 얇게 바른다는 식으로 쭉쭉 발라나간다. 페인트나 시트지 둘 다 어렵지 않으니, 현관문이 녹슬고 오래됐다면 페인트칠이나 시트지로 인테리어 해서 세입자에게 좋은 첫인상을 남겨주자.

자료 5-3. 현관문 시트지 바르기 전후

출처 : 필자 작성

(2) 싱크대 인테리어

싱크대는 어떤 곳인가? 당연히 '여자가 좋아하는 곳'이다. 가장 인테리어가
예뻐야 하는 곳이다. 그러나 싱크대와 주방 수리는 타일과 서랍을 교체한다면
상당한 비용이 든다. 나는 자금이 부족해서 인테리어에 큰돈을 쓸 수 없었다.
다행히 싱크대 서랍은 흰색 톤이라 따로 시트지를 바르는 수고를 하지 않았다.
만약 서랍이 옛날에 유행했던 초록색, 주황색이었다면 시트지를 바르는 것을
추천한다. 수리 전 타일은 벽지로 되어 있어서 물이 튄 흔적과 곰팡이들이 엄청

나게 피어난 상태였다.

벽면에 벽지를 제거한 다음 락스로 곰팡이와 때를 제거했다. 인터넷에서 내가 원하는 타일을 구매해 시트지를 붙였다. 타일 역시 흰색 톤으로 맞췄다. 흰색 벽돌 무늬 패턴 시트지를 구매했는데, 인터넷에 '주방 타일 시트지'라고 검색만 하면 다양한 디자인이 나온다. 가격도 정말 저렴하고, 실제로 붙여놔도 촌스럽지 않고 자연스럽다. 싱크대 얼룩은 희석된 세제 물로 쉽게 제거하고, 수전도 오래됐다면 교체한다. 싱크내 수전도 마찬가지로 인터넷에 1~2만 원대로 저렴하게 살 수 있다. 유튜브를 검색해서 수전 교체법을 보고 누구나 교체하기 쉽다(싱크대 거름망도 저렴하니 새것으로 교체하자).

자료 5-4. 주방 타일 시트지 바르기 전후

출처 : 필자 작성

(3) 가성비 있게 화장실 수리하기

화장실은 어디를 수리해야 할까? 먼저 물때나 곰팡이가 있다면 희석된 락스 물이나 화장실 전용 곰팡이 제거제를 통해 타일 사이 실리콘을 깨끗이 청소한다. 화장실 안에는 다양한 부속 제품들이 많다. 세면대 수도꼭지, 샤워기, 수건걸이, 휴지걸이, 비누 받침대가 거기에 속한다. 이런 것들은 오래되면 녹슬고 물때도 많이 타기 때문에 이왕 처음 인테리어 할 때 전부 다 교체해주는 것이 좋다. 이것 또한 마찬가지로 인터넷에 '세면대 수전', '샤워기'로 검색하면 저렴하게 구매할 수 있다. 나머지 부속 제품은 '욕실용품 세트'라고 검색하면 수건걸이, 휴지걸이, 비누 받침대를 세트로 판매해서 디자인을 공통되게 주문하면 된다. 이렇게만 교체해도 화장실은 환하게 변한다. 주의사항으로는 수도꼭지(수전)를 구매할 때 반드시 현재 설치된 수전이 2구인지, 3구인지 확인한 다음 구매한다.

자료 5-5. 화장실 수리

출처 : 필자 작성

(4) 조명만 바꿔도 집이 바뀐다

'인테리어의 완성은 샹들리에!', '조명만 바꿔도 집이 바뀐다'라는 말을 들어본 적 있는가? 조명은 집에 '메이크업'을 하는 것과 같다. 밝고 예쁜 조명을 달면 집이 화사해 보이고 화장한 것 같다. 인테리어 안 된 구축 아파트는 대부분 기본 형광등인 경우나 유행이 지난 조명을 단 곳이 많다. 최대한 밝을수록 집 안 분위기가 화사하며, 가장 많이 사용하는 안방과 부엌에 너무 비싸지 않은 인테리어 조명을 달면 집의 분위기가 달라진다. 작은방은 기본 사각 LED 조명으로 투자금을 줄였다.

자료 5-6. 집 안 조명 교체

출처 : 필자 작성

마지막 최고 가성비 인테리어를 소개하겠다. 바로 신발장 앞에 실내화와 발매트다. 장판을 새로 교체했으니, 신발을 신고 집 구경을 하면 신발 자국과 때가 묻을 수 있다. 실내화를 두면 손님들은 신발을 벗고 들어온다. 누가 "환영합니다! 손님"이라고 말하는 것 같이 느껴진다. 관리한 집, 깨끗한 집이라는 인상을 남긴다. 신발장 옆에 디퓨저도 놔둔다. 문을 열자마자 향기 가득한 집을 어느 누가 싫어하겠는가? 화장실에도 하나 두도록 하자. 센스 있는 집주인이 된다. 콘센트가 누렇게 변색됐다면 콘센트도 교체하자. 몇천 원으로 새 집 느낌을 만든다. 또 현관 앞에는 코일 매트를 깔았다. 신발장과 현관문에 톤을 맞춰서 더 깔끔한 느낌을 준다. 어떤가? 이런 '가성비 인테리어'는 세입자가 현관문을 열자마자 환한 미소를 지을 수밖에 없을 것이다. 이렇게 나는 단 2주 만에 공실을 해결했다.

자료 5-7. 세입자를 맞이할 센스 있는 현관 인테리어

출처 : 필자 작성

임대업 역지사지 :
월세·전세 세입자의 마음이 되어본다

"입장 바꿔 생각해 봐."

사랑하는 연인과 다툴 때 항상 나오는 단골 멘트다. 연애할 때도 갑과 을의 관계가 된다면 원만한 관계를 지속할 수 없다. 상대방과 좋은 관계를 유지하기 위해서는 서로의 소중함을 잊지 말아야 한다. 부동산도 마찬가지다. 집주인과 세입자는 상하 관계 또는 갑을 관계가 아니다. 각자 다른 입장에 서서 다른 가치를 '등가교환(돈과 상품의 가치가 일치해서 교환되는 상황)'하는 서로에게 고마운 관계다. 이번 목차는 내가 집주인이 됐을 때, 즉 임대인으로서 가져야 할 기본 마음가짐에 관해서 이야기하고자 한다.

1. 맛있다고 다 맛집이 되는 것은 아니다

얼마 전 맛있다고 소문난 일식집을 방문한 적 있다. 하지만 맛있으면 뭐 하랴. '손님이 왕'이라고 생각한 적 없지만, 불친절한 사장님을 보고 두 번 다시

가고 싶지 않다고 생각했다. 함께 간 지인들도 비슷한 반응이었다. 임대 사업 또한 마찬가지다. 집주인이 어떻냐에 따라 맛집이 될 수 있고, 불편한 식당이 되기도 한다. 안 좋은 소문까지 나면 세입자도 끊긴다. 집주인이 갑이라는 자세로 임대업을 하면, 세입자는 이사 비용을 내고서라도 이사를 결심한다. 또다시 계약할 마음도 없을뿐더러 집주인과 적대 관계를 맺게 된다. 음식점은 잠깐 불쾌하면 그뿐이지만, 임대차 계약은 세입자가 최소 1년을 머물러야 한다.

세입자와 집주인이 적대 관계를 맺으면 세입자가 집을 소중히 여길까? 그러지 않을 확률이 높다. 그렇다고 '손님은 왕'이라고 전부 배려하고 이해하라는 뜻은 아니다. 집주인은 집이라는 가치를 제공하고, 세입자는 제공받는 것일 뿐이므로 동등한 관계라는 것을 인지해야 한다. 동등성을 유지하려면, 집주인으로서 먼저 좋은 서비스를 제공해야 한다. 그러면 좋은 서비스라는 것은 무엇인가? 월세가 50만 원이라면 그 가격에 맞는 편리한 집을 제공해야 한다는 것이다.

부동산 중개사무소에 집을 내놓을 때 '만약 내가 여기에 산다면 이 가격이 합리적인가?', '등가교환이 되는가?'라는 고민을 반드시 할 필요가 있다. 나조차 질문에 대답하지 못한다면, 누가 우리 집에 매달 월세를 흔쾌히 낼 수 있겠는가? 어떤 부분을 내가 보강해서 가치를 올릴 수 있을지 깊게 고민할 필요가 있다. 이런 고민을 하는 이유는 최악의 상황을 피하기 위해서다. 지역에 입주 물량이 없어 전세, 월세 물량이 부족할 때는 어떻게서든 계약이 되겠지만, 신축 아파트 물량이 쏟아져 물량이 넘쳐나면 도태되기 십상이다. 최악의 상황을 늘 대비해야 한다.

부동산 임대업으로 성공하기 위해서는 끝까지 살아남는 것이 중요하다. 내 집에 가치를 올린다면, 최악의 상황에도 절대 도태되지 않는다. 가치는 치안, 청결, 편리함 등이 포함될 것이다. 불경기 속에서도 맛집은 언제나 웨이팅이 넘쳐난다. 과연 그 집이 맛만 좋다고 힘든 시기에 성공한 것일까? 절대 아니다. 우리나라는 어떤 번화가를 지나다녀도 삼겹살집이 반경 1km에 5개가 넘는 곳이 상당하다. 똑같은 메뉴로도 장사가 잘되는 곳은 언제나 잘되고, 망하는 매장은 언제나 망한다. 우리도 세입자에게 최상의 서비스 같은 부동산으로 끝까지 살아남아야 한다.

2. 세입자가 있어서 우리가 존재한다

임대업을 할 때 가장 고마워해야 할 사람은 누구일까? 좋은 집을 매수한 나자신일까? 아니면 집을 소개해주신 소장님일까? 바로 세입자다. 세입자가 있어서 보증금을 받아 투자금을 줄이고, 세입자가 꼬박꼬박 월세를 내줘서 잠을 잘때도 돈을 벌게 된다. 세입자가 없다면 수익률은커녕 대출 이자에 허덕이게 될것이다. 부동산은 부자를 만들어주기는커녕 골칫덩이가 된다. 이런 이유로 우리집에 사는 세입자를 단순히 '월세 주는 사람'으로 여겨서는 절대 안 된다.

세입자의 역할이 이것뿐인가? 세입자는 우리 집에 지내면서 집 상태 체크도해준다. 고장 난 부분이 있으면 스스로 고쳐 쓰기도 하고, 문제가 발생하면 즉각 말해준다. 사람 없는 집은 더 빨리 노후화되거나 고장 나기 쉽다. 세입자가없으면 큰 고장이 될 것을 세입자가 있어서 사소한 고장으로 막을 수 있는 것이다. 좋은 세입자는 허전한 우리 집에 사람 냄새와 온기까지 불어넣어 준다. 계약만료가 가까워지면 사생활 침해를 감당하면서 집 내부를 흔쾌히 보여줘야 하는 사람도 세입자다.

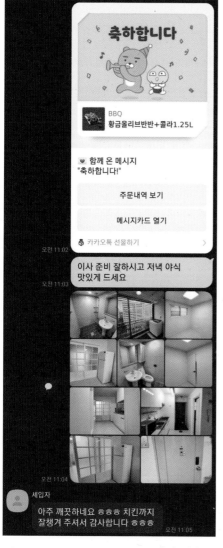

출처 : 필자 작성

이렇게 임차 계약을 마무리하면, 우리 집 관리에 힘쓰는 사람은 내가 아닌 세입자다. 내가 수리한 집을 깨끗하게 관리까지 해준다면, 오히려 월세를 깎아줘도 모자랄 판이다. 월세를 오랫동안 미납하거나 예의에 어긋나는 사람이 아니라면, 항상 감사한 마음으로 세입자를 대해야 한다. 감사한 마음을 가진다면 말하지 않아도 세입자 또한 우리의 마음을 알아챌 것이다. 서로서로 이해하고 배려하는 관계가 이어지게 된다. 만족스러운 주거 환경을 제공하면 머무르는 동안 세입자 또한 좋은 일들이 많이 생길 것이다.

그러면 세입자가 나갈 때 "덕분에 잘되어서 나갑니다"라는 말을 하기도 한다. 서로가 감사한 감정을 가지면, 반드시 다음 세입자까지 전달될 것이다. 계약이 만료될 때 집 소개를 위해 협조도 잘해줄 것이다. 집 구경 온 손님이 "여기 사시는데 어때요? 집주인이 혹시 깐깐하거나 연락이 잘 안되는 경우가 있나요?"라고 물었을 때 "집주인이 정말 친절하십니다. 실제로 이사 첫날에 이사한 기념으로 기프티콘도 선물을 주시더라고요. 제가 여기에서 나가는 이유는 취업이 되어 나갑니다. 살기 좋아요"라고 소개해준다면, 이보다 더 좋은 집 소개가 어디 있겠는가? **부동산 중개사무소 소장님보다 더 신뢰 가는 사람은 바로 실제 살고 있는 세입자라는 것을 잊지 말자.**

3. 소모품은 소모품이라고 인정해야 마음이 편하다

장판과 도배지는 소모품이라 생각하고 아껴서는 안 된다. 보일러 연식이 오래됐다면 곧 바꿀 수 있겠다는 마음을 염두에 둔다. 보일러는 7~10년 이상 됐다면 수명이 거의 된 것이다. 대신 계약하기 전에 반드시 사진을 찍어놓고, 세입자에게 주의사항을 명확히 말해주자.

"세입자님, 이용하시는 데 편하시라고 장판과 도배를 새로 교체했습니다. 불편 없게 지내시되 깨끗하게 잘 부탁드립니다."

이상한 세입자가 아니라면 집주인의 친절과 배려에 침 뱉는 사람은 없을 것이다. 만약 의도적으로 장판을 찢거나 하는 것이 아닌, 도배와 장판이 낡아 다시 교체하는 경우 절대 세입자와 무리하지 않는다. 계약 처음부터 장판이나 도배 같은 소모품은 손상될 것이라고 여긴다면 마음이 한층 더 편할 것이다. 하지만 나는 소모품이라고 여기더라도 항상 다음 세입자와 계약할 때 어중간한 수리와 보수를 하고 계약하지 않으려 한다. '하인리히 법칙'을 무시해서는 안 된다. 하인리히 법칙이란 **'사고가 나기 전 반드시 이전에 사소한 사고가 존재한다'**라는 뜻이다.

미연에 작은 사고들을 방지하면 큰 사고를 막을 수 있다. 애초에 세입자가 들어오기 전 미리 고장 나거나 수리할 곳을 해결해놓는다면 나중의 항의나 더 큰 고장으로 이어지는 것을 막을 수 있다. 처음부터 집이 깨끗하고 예뻐야 좋은 세입자가 들어온다고 믿는다. 어질러진 집에는 아무도 살고 싶지 않을뿐더러 설령 계약이 되어도 골칫거리 세입자가 들어올 확률이 높다. 소 잃고 외양간 고치지 말고, 미리미리 문제를 대비하는 집주인이 되자.

만약 보일러가 고장 났다는 전화가 온다면 바로 보일러를 교체하는 것보다 부품들을 먼저 교체해보는 것을 추천한다. 보일러가 고장 났으면 우선 수리 출장을 부른다. 수리기사에게 보일러 교체를 바로 하지 말고, 고장 난 부품을 먼저 확인해달라고 말한다. 부품을 교체해보고 다음에 고장 나면 그때 교체하겠다고 말한다. 가끔 작은 부품만 바꿔도 전체를 교체하지 않고 작동이 될 때가 있기 때문이다. 대신 고장이 났을 때는 시간을 지체하지 않고, 바로 업체를 불러 빠르게 부품을 교체해 더 큰 고장을 막는 것이 좋다.

부동산 투자자로서 세입자에 대한 마음가짐에 관해 이야기해봤다. 세입자는 우리에게 분명 고마운 존재는 맞지만, 주의할 것이 있다. 좋은 관계로 지내되 **너무 유대관계를 쌓을 필요는 없다.** 공과 사를 구별할 줄 알아야 한다. 첫 투자 시 즐거운 마음에 세입자와 친하게 지내거나 또래라고 친하게 지내면, 나중에 문제가 생겼을 때 해결하기 껄끄러워진다. 앞서 말한 부동산 중개사무소 소장님이 소개하는 인테리어 업자를 피하는 것과 지인에게 중고차를 구매하는 것과 비슷한 상황이다. 긁어 부스럼이라고 했다. 굳이 만만한 집주인이라는 이미지를 심어주지 말자.

세입자와
주의해야 할 사항들

앞서 세입자에 대한 마음가짐을 마인드셋 했다. 반대로 이 챕터는 세입자와의 사이에서 발생하는 문제에 관한 이야기다. 부동산 투자로 성공한 사람도 많지만, 실패한 사람도 많다. 부동산 투자를 오랫동안 하는 것은 사실 쉽지 않다. 그 이유 중 하나는 세입자와 마찰 때문이다. 임대업을 해본 적 없는 사람은 집주인은 가만히 놀면서 월세를 받는다고만 생각한다. 특히 우리 같은 월급쟁이는 직장 스트레스 하나도 버겁다. 거기에 더해 세입자와의 트러블까지 생기면 감당하기가 쉽지 않다. 세입자와 발생할 수 있는 문제들을 하나씩 살펴보자.

1. 세입자의 목소리를 무시하지 말 것

보유 주택 수를 늘리다 보면, 보일러 수리부터 전등 교체까지 사소한 일들로 전화기가 울리는 일이 점차 잦아지게 된다. 그렇다고 집주인이 되어서 세입자의 전화를 피해서는 안 된다. 아파트는 소모품이기 때문에 노후와 고장은 피할 수 없는 숙명이다. 그것을 두려워하고 스트레스를 받는다면 부동산 투자를 오래하지 못한다. 내 집을 내가 고치지 누가 고치겠는가? 그들의 불편함에 귀를 닫는다면, 잠시 스트레스를 막을 수는 있다. 하지만 명심할 것은 사람 사는 것은 대부분 비슷비슷하다. 지금 무시해봤자 반드시 다음 세입자도 같은 이유로 전화할 것이다.

미뤄봤자 어차피 해야 할 일들이다. 따라서 내가 무리하지 않는 선이라면 이왕 할 것 기분 좋게 하는 것은 어떨까? 세입자들의 요구사항을 잘 판단해서 협의 후 들어주는 것이 나에게 유리할 수 있다. 그들에게 나쁜 집주인이라는 이미지를 심어줘봤자 좋을 것 하나 없다. 계약이 만료될 때 다음 세입자를 구해야 하기 때문이다. 세입자 입장에서는 내 집도 아닌 집을 대신 보여주는 것은 상당히 귀찮은 일이다. 게다가 집주인과 사이도 좋지 않으면, 어느 누가 집 구경을 흔쾌히 시켜주겠는가? 좋은 유대관계라면 앞서 말했듯 "좋은 집이에요"라고 소개해주겠지만, 반대로 관계가 틀어진다면 집 구경에 협조조차 하지 않는다. 집을 보여주는 것은 세입자 마음이기 때문이다. 설령 집 구경을 허락하더라도 집 보러 오는 사람들에게 "이 집에 고장이 잘 나서 나갑니다. 집주인이 연락도 잘 안 되네요"라는 말이라도 한다면, 사람들은 아무리 집이 예쁘고 깔끔하더라도 다들 겁먹고 다른 집과 계약하러 갈 것이다. 결국 세입자가 나갈 때까지 계약이 되지 않고, 공실이 발생할 수 있다. 공실이 발생하면 이전 세입자에게 보증금을 줄 때 내 사비를 들여서 보증금을 반환해야 하므로 급히 목돈을 준비해야 할 수 있다.

스트레스를 받는다고 그들의 불편함에 귀를 닫는다면 결국 내 손해로 돌아온다. 반대로 그들의 목소리에 귀 기울이면 다음 세입자에게 더욱 만족도 높은 주거 환경을 제공할 수 있다. 이전 세입자와 다음 세입자도 만족하는 집은 공실 걱정까지 당연히 줄어들게 된다. **전화기가 울리는 스트레스보다 공실 스트레스가 더 크지 않은가?** 우리 집 가치는 내가 어떻게 하느냐에 따라 결정된다. 번거롭더라도 그들의 목소리가 곧 내 집에 대한 문제점인 것을 인지하고, 조금만 귀 기울여 주자.

2. 보증금을 낮춰달라는 세입자와는 피하는 게 좋다

집주인에게 보증금이란 어떤 것일까? 첫째, 보증금이 많을수록 투자금이 줄어들어 수익률이 증가한다. 1억 원짜리 집을 대출 5,000만 원을 받아서 투자했다고 예를 들어보자. 보증금을 높일수록 내가 실제 투자한 금액이 줄어들기 때문에 수익률이 높아진다. 반대로 받을 수 있는 월세는 줄어든다. 보증금을 4,000만 원으로 계약한다면 단돈 1,000만 원으로 집 한 채를 사는 것이다. 둘째, 월세 미납의 보호막이 된다. 세입자가 오랜 기간 월세를 내지 않으면, 보증금에서 차감해 내 돈을 지킬 수 있다. 셋째, 세입자의 신뢰와 신용을 확인할 수 있다. 보증금이 낮은 집일수록 신용이 낮은 사람들이 들어올 확률이 높다. 1억 원짜리 집에 보증금을 1,000만 원 또는 2,000만 원에 반전세를 내놓았다고 가정해보자. 여기서 말하고자 하는 것은 1,000만 원이 적은 돈이라는 뜻이 아니다. 하지만 조금만 다시 생각해보자. 40대 이상 성인이 1,000만 원이 부족해서 보증금 협상을 문의한다면, 이런 사람과는 계약을 피하는 게 좋다. 냉정하게 봤을 때 신용 문제가 있을 확률이 높다. 사람마다 기준이 다를 수는 있지만 말이다. 너무 냉정하다고 볼 수도 있겠지만 어쩔 수 없다. 처음부터 신뢰가 가지 않는 사람에게 소중한 우리 집을 맡길 수는 없다.

그래도 냉정하다고 한다면, 2024년 최저임금 시급은 9,860원이다. 세후 월 180만 원 정도다. 아르바이트만 하더라도 1,000만 원은 6개월만 일해도 벌 수 있는 돈이다. 일반인이라면 누구나 노력하면 벌 수 있는 돈이다. 실제로 나는 잔금 처리 후 공실인 상황에 40대 이상으로 예상되는 여성이 블로그를 통해 연락이 온 적 있다. 나는 보증금 1,000만 원에 월세 55만 원으로 홍보하고 있었다. 그녀는 보증금 1,000만 원이 부족하다고 하면서 보증금을 낮추고 월세를 높여 달라고 했다. 공실인 상황에 세입자가 안 구해져 마음이 불안했지만, 나는 단칼에 거절할 수밖에 없었다.

그러면 보증금은 얼마가 적당할까? 들어오는 현금 흐름이 부족하더라도 2년 치 월세 정도 보증금은 받아야 한다. 세입자가 정 안 구해진다면 최소 1년 치 월세까지는 반드시 받아야 한다. 실제로 주변에 월세를 미납하는 세입자들이 상당히 존재한다. 장기 미납 세입자들은 결국 명도소송을 통해 퇴거 조처해야 하는 상황이 생길 수 있다. 우리라고 그런 상황을 피할 수 있겠는가. 명도소송은 최소 6개월 이상 걸리기 때문에 보증금을 월세 1년 치로 잡으면, 소송 기간에 내가 손해 보는 일을 최소화할 수 있다. 즉 보증금은 집주인에게 방패와 같다.

3. 예상치 못하게 돈이 필요할 때가 있다

부동산 투자를 지속해서 성공하기 위해서는 안전 마진이 가장 중요하다. 그렇다면 부동산 투자에서 가장 위기의 순간은 언제이며, 안전 마진은 어떤 것일까? 돌고 돌아도 결국에는 '돈 문제'다. 세입자를 구했다고 더 이상 투자금이 발생하지 않을까? 방심하지 마라. 위기는 언제 어디서든 발생한다. 이번 하락장에 발생한 '역전세'만 봐도 그렇다. 최악의 상황을 대비하려면 어떻게 해야 하는지 몇 가지 예를 살펴보자.

첫 번째, 누수, 보일러 고장이다. 샤워기가 물이 새거나 도어락이 고장 나면 교체 비용이 저렴해 큰돈이 나가지 않는다. 반대로 누수나 보일러 같은 경우 큰 비용이 발생한다. 보일러 경우 부품을 교환해도 고장이 지속된다면 새 보일러로 교체해야 하는데, 약 80만 원 정도 비용이 든다. 오래된 구축 또는 투자 물건마다 보일러 연식을 엑셀 파일에 기록해 고장 날 것을 예상해 수리비에 들어갈 목돈을 준비하면 좋다.

두 번째, 월세 미납이다. 세입자가 월세를 미납하면 어떻게 될까? 만약 대출받고 집을 샀다면, 매달 받는 월세로 이자를 내야 한다. 그런데 미납된다면 사비를 들여서 대출을 상환해야 한다. 1억 원만 대출받아도 금리가 높아 대략 원리금이 40만 원 가까이 될 것이다. 월급쟁이에게 40만 원은 결코 적은 돈이 아니다. 만약 약속한 월세 입금 날에 세입자가 입금하지 않는다면 단호하게 대처해야 한다. 세입자도 사람이라서 하루 정도는 개인 사정으로 깜빡할 수는 있다. 하루는 기다려 주더라도 그다음 날에는 반드시 연락을 취해야 한다.

연락을 취할 때 반드시 월세 입금 날짜가 지났다는 것을 말하고, 정확한 입금 날짜를 상기시킨다.

"세입자님, 월세 입금 날은 매달 1일입니다. 다음 달에는 일자에 맞춰서 꼭 입금 부탁드립니다."

세입자 입장에서는 집주인이 푼돈 가지고 쩨쩨하게 군다고 느낄 수 있다. 하지만 사람을 믿되 돈을 믿지는 말자. 친절하지만 돈 문제에서는 명확한 집주인이라는 인식을 심어주는 것이 결국 내 마음도 편하다. 돈 문제는 언제나 감정 소모가 심하다. 예상하지 못할수록 더욱 그렇다. 애초에 '이런 일이 발생할 것'이라는 것을 염두에 두며, 즉각 대응해서 필요 없는 감정 낭비를 하지 말자.

임대인과 세입자 사이에 발생하는 문제를 3가지 관점에서 알아봤다. 공통점은 결국 최악의 상황을 미리 준비하고 예측히는 것이다. 그래야 언제 발생하더라도 당연한 일이라고 받아들이며, 마음이 편할 수 있다. 더 좋은 매물을 찾아 나를 부자를 만들어줄 부동산을 찾고 전진해도 시간이 모자를 마당에 사소한 문제에 신경 쓸 시간이 어디 있는가? 이런 감정 소모 속에서는 나를 부자로 만들어줄 것이 하나도 없다. 사소한 것에 시야를 뺏겨서는 안 된다. 시야를 더 멀리 볼 수 있도록 늘 준비하자. 돈도, 시간도, 감정도 소탐대실해서는 안 된다.

부동산 계약할 때 보증금, 특약 1줄이 2년을 편안하게 한다

집주인에게 특약이란 보증금과도 같다. 보증금과 마찬가지로 특약은 집을 지킬 수 있는 방패다. 또 임차 기간에 말하지 않아도 특약에 따라 서로가 잘 지켜준다면 계약이 끝날 때까지 편안한 관계를 유지할 수 있다. 남에게 집을 맡기면 가장 걱정되는 것이 무엇이 있을까? 월세 미납, 기물 파손, 허락 없이 애완동물을 키워서 집 안 내부를 손상하는 것 등이 될 것이다. 지금부터 계약 시 꼭 넣어야 할 특약을 하나씩 살펴보면서 그에게 맞는 특성을 이야기하고자 한다.

1. 현 상태 확인 후 임대차 계약일(누수, 결로, 하수구/변기 막힘 없음) 이후 관리 소홀로 발생하는 원상 복구 비용은 임차인이 부담

특약을 쓸 때 맨 윗줄에 쓰는 특약이다. 그만큼 가장 중요하고 기본적인 특약이다. '현 상태 확인 후 계약'이라는 말은 굉장한 의미가 포함되어 있다. 훗날 세입자가 살다가 갑자기 요구사항을 말하더라도 방어할 수 있다. 예시로 월세 계약을 마친 뒤 며칠 안 되어 현 세입자가 하수구 또는 변기가 꽉 막혀 업체를 불러야 할 만한 상황이라고 해보자. 세입자가 업체 출장 비용을 청구해달라고 요구했을 때 특약 하나로 다음과 같이 단칼에 거절할 수 있다.

"세입자님, 계약 시 하수구가 막히지 않았음을 확인하고 진행한 계약입니다. 하수구 막힘은 거주자의 관리 소홀 문제로 발생한 것이기 때문에 본인이 해결 하셔야 합니다."

하수구나 변기 막힘과 같은 관리 소홀 문제는 비용 발생 시, 세입자 본인이 직접 비용을 내야 한다. 도배나 장판도 마찬가지다. 도배만 교체됐고, 장판이 교체되지 않은 집에 세입자가 계약을 맺었다. 이사 날 세입자가 장판은 왜 교체해 주지 않냐고 항의하더라도 현 상태 확인 후 임대차 계약이기 때문에 교체할 의무가 없다.

하지만 이 특약은 양면의 칼이다. 우리가 집을 매수하거나 매도할 때도 반드시 넣는 특약이다. 집 구경을 갔을 때 우리가 꼼꼼히 봐야 하는 이유가 여기서 또다시 나온다. 집 구경 당시 나의 불찰로 누수, 결로, 하수구 막힘을 확인하지 못하고 계약서를 작성했다고 치자. 시간이 지나 결함을 뒤늦게 발견했다면, 그 하자들을 내가 감당해야 한다. 반대로 매도할 때 계약이 완료됐는데, 매수자가 뒤늦게 발견한 하자에 대해 비용을 청구한다면 이것 또한 매수자가 감당해야 한다. **이렇게 계약 전 집 상태를 확인하는 것은 매수자, 매도자, 세입자 모두 다 같은 이유로 중요하다.**

2. 만료 6개월 전에 연장 여부를 통보하기로 한다

이 특약은 현 세입자가 연장할 것인지 미리 알 수 있다. 만약 세입자가 연장하지 않는다면 사전에 보증금을 마련할 수 있는 시간을 충분히 준비할 수 있다. 나는 '이사 6개월 전 다음 세입자에게 집을 잘 보여주도록 한다'라는 특약도 함께 넣는다. 계약 당일 세입자에게 "잘 지내시다가 계약이 끝나갈 때 집 구경을 잘 부탁한다"라는 말과 함께 준비된 내용을 한 번 더 강조한다. 물론 이 특약이 있더라도 집 구경을 보여주는 것은 세입자 마음이지만, 넣어 줌으로써 한 번 더 강조할 수 있다.

3. 3기 월세 미납 시 자동으로 계약 해지할 수 있다

3개월 동안 월세가 밀렸다는 것은 무엇을 뜻할까? 나는 '3개월이나' 밀렸다는 것은 세입자가 특별한 문제가 생겨 경제력을 상실했을 확률이 높다고 판단한다. 특히 나같이 지방 소형 아파트를 투자했다면, 월세가 아무리 높아도 100만 원 이상 되지 않을 것이다. 그런데도 말없이 월세가 3개월이 밀렸다는 것은 월세를 낼 여력도 없고, 낼 생각이 없다고 판단한다. 이럴 때 특약 효력 발생으로 세입자에게 퇴거 요청을 할 수 있다. 만약 나가지 않고 버티기로 한다면 이때 바로 명도소송을 해야 한다.

명도소송이란 부동산의 인도를 거절할 경우, 법원에 사실관계를 따져 승소 판결에 따라 강제집행 하는 것을 말한다. 명도소송까지 진행될 일은 극히 드물긴 하지만 미리 마음을 먹고 언제든 발생할 수 있다고 각오한다면, 최악의 상황

자료 5-9. 월세 입금 독촉 문자

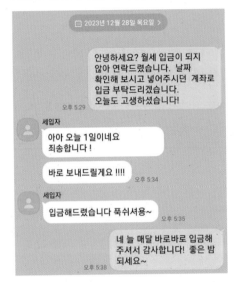

출처 : 필자 작성

을 미리 준비할 수 있을 것이다. 우선 이런 사태가 벌어지지 않기 위해 '만만한 집주인'으로 보여서는 절대 안 된다. 하루 정도는 사람인지라 월세 입금 날을 깜빡할 수 있지만, 이튿날에는 반드시 문자로 월세 입금 독촉 문자를 보낸다.

4. 임대차 기간 중 임차인의 사정으로 이사 가는 경우, 새로운 임차인과의 계약에 따른 중개 비용은 임차인이 부담한다. 그리고 세를 놓고 나간다

특약 내용을 읽기만 해도 꼭 넣어야겠다는 생각이 든다. 세입자가 급하게 나갈 경우 다양한 이유가 존재하겠지만, 반드시 이사 사유를 물어보는 것이 좋다. 취업이나 타지로 이직하는 경우는 어쩔 수 없지만, 만약 집에 문제가 있어서 나가는 것은 아닌지 확인하는 것이다. 개인 사정으로 이사를 한다면 특약 사항을 명시하고, 새로운 임차인을 직접 구한 다음 보증금 반환이 가능하다는 것을 안내한다. 또 현 임대인이 해야 할 것은 반드시 임차인의 동의를 구한 다음 임차인을 구해야 하는 것이다.

임대 계약은 집주인이 원하는 사람과 계약을 맺을 권리가 있다. 만약 내가 원치 않는 계약자를 데리고 왔다면 계약하지 않아도 되니 반드시 다음 계약자를 직접 만나보도록 한다. 세입자에게 동의 없이 다른 사람에게 임차권을 양도할 수 없음을 고지한다. 다음 세입자를 구했다면 현 세입자에게 보증금을 전달하기 전에 '집 상태를 반드시 확인'해야 한다. 집 상태를 확인하지 않고 임차권이 인계된다면, 만약 계약이 끝났을 때 파손한 부분을 발견한다면 책임에 대한 문제가 발생할 수 있다.

> 계약갱신요구권에 따라 갱신을 한 계약이라도 **임대차 기간이 정확하게 명시가 되어 있으면 임차인이** 일방적으로 계약 해지를 할 수 없다.
>
> 사건번호 : 서울북부 지방법원 2022가합 21044 임차보증금

5. 시설물 파손 시 원상 복구한다

임차인은 계약 종료 시 계약 전으로 집을 원상 복구할 원리가 있다. 그러나 생활 기스나 고의성이 없는 도배, 장판의 낡음은 민법 판례에 따르면 "임차인의 통상적인 사용에 따라 자연적으로 임차목적물이 소모되거나 더러워진 것에 불과한 경우에는 임차인이 임차 기간 만료 후 임대인에게 부담하는 통상의 원상회복 의무에 포함되지 않는다(서울중앙지방법원 1999. 9. 1. 선고 98가합44951 판결 참조)"라고 판시한 사례가 있다. 집에 머무는 동안 자연적으로 낡아진 것은 임차인에게 도배 비용과 청소 비용을 청구할 수 없다.

하지만 자연적인 더러움과 파손이 아닌 비정상적인 훼손, 찢어짐, 곰팡이 발생으로 관리 의무를 벗어나 집이 파손됐으면 이야기는 달라진다. 집주인의 허락 없이 설치한 물건도 철거해야 한다. 민법 제654조에 따라 임대 기간의 집 관리에 대한 다른 특약사항은 '임대인이 설치한 가전제품(TV, 에어컨, 냉장고…가 있다)은 임차인이 무상으로 사용하기로 하며, 임차인의 부주의로 인한 시설물 파괴 및 미작동 시 임차인이 부담하도록 한다', '흡연 금지, 애완동물 금지. 이를 어길 시 원상 복구를 위해 청소업체 비용 청구가 있다'를 함께 넣는다.

특약 안에 꼭 넣어야 할 문구를 알아봤다. 이렇게 특약 하나만 잘 써도 계약하는 동안 대부분 아무 탈 없이 지낼 수 있다. 특히 '현 상태 확인 후 임대차 계약'은 매수, 매도, 임차 계약 시 언제나 영향력이 큰 특약이어서 나의 포지션에 따라 불리하게 작용할 수 있으니 언제나 꼼꼼히 집 안 내부를 꼼꼼히 살피자. 특약이란 계약 기간 동안 서로가 잘 지내보고자 하는 상호계약이다. **너무 강압적이고 임차인에게 불리한 내용만 적는다면 혐오감을 조성할 수 있으니 다른 특약을 적고자 한다면 한 번 더 생각해볼 필요가 있다.**

6장

돈이 없다면
소형·소액 아파트로 시작하자

1,000~2,000만 원 소액으로라도
투자를 시작해야 한다

대한민국은 세 종류의 사람으로 분류된다. 무주택자, 1주택자 그리고 다주택자. 나는 현재 무주택자에서 1주택자로 넘어왔다. 솔직히 부자가 된 것도 아니고, 집값이 크게 상승하지도 않았다. 그런데 이상하다. 집을 샀을 뿐인데, 1주택자가 됐을 뿐인데 뇌 구조가 바뀐 기분이 든다. 재미있는 현상이다. 사람은 쉽게 변하지 않지만, 부동산을 가지니 세상을 바라보는 시야와 생각이 통째로 변했다. 이 책을 읽을 무주택자들이여! 1주택자와 다주택자의 머릿속이 궁금하지 않은가? 앞으로 당신이 겪게 될 뇌 구조 변화를 미리 느껴봤으면 한다.

1. 무주택자 뇌 구조

무주택자는 집에 대한 기대치가 전혀 없는 사람이다(물론 이제 공부를 시작하거나 집을 사기 위해 열심히 저축하고 있는 사람은 제외다). 심지어 우리 집이 얼마인지도 모르는 사람도 태반이다. 부동산에 '부' 자도 모르니 길을 걷다 흘러나오는 부동산 뉴스, 카페에서 부자와 다주택자가 떠드는 부동산 이야기가 들리지조차 않는다. 이 모든 게 한때 나의 이야기다. 그렇다면 분명 귀를 열었는데 왜 이야기가 들리지 않는 것일까? 내가 관심 있어 하는 분야는 다른 곳에 있었기 때문이다(특히 자동차에 관심이 많았다).

다시 말해 내 머릿속 '관심 주파수'가 다른 곳에 설정되어 있어서다. 우리 뇌는 설정된 관심 주파수에만 크게 반응하는 특성을 가진다. 최근 소고기 맛집에서 지인과 식사했다. 맛집인 만큼 웨이팅도 길고, 손님이 바글바글했다. 왁자지껄한 식당이라 바로 앞사람 목소리도 들리지 않았다. 그런데 신기하게도 나와 가장 멀리 있던 테이블에서 사람들이 부동산 이야기를 하는 것을 들었다.

"이제 부동산 끝났잖아?"
"근데 집값이 벌써 많이 올랐던데…."
"이 동네 좋은 것 같은데?"

바로 앞의 말소리는 시끄러워 잘 안 들렸지만, 멀리서 들리는 부동산 이야기가 내 귀를 탁 때렸다. 이것이 '나의 관심 주파수'다. 무주택자들은 어떨까? 그저 앞사람과 신세 한탄, 요즘 유행하는 밈, 유튜브나 인스타그램의 인스턴트 같은 쇼츠만 공유하고 시간을 허비한다. 그것이 그들의 뇌에 적용된 관심 주파수다. 다른 테이블 소리는 소음일 뿐이다. 무주택자들의 관심사를 극단적으로 예를 들자면 아이돌, 패션, 명품, 직장 불만, 신세 한탄, 외제 차 성능 등이 될 것이다. 이 관심사가 나쁘다는 것은 아니다. 하지만 부자가 되고 싶다면 너무나 동떨어진 이야기다.

> **무주택자의 현실**
>
> 오늘 친구와 약속이 있다면 제안해보자.
> "야, 저기서 춤추면 5만 원 줄게. 할래?"
> 어떤 대답이 돌아올까?
> **"한 번 말고 열 번 하면 50만 원 줄 거야?"**
> 한 번 더 물어보자.
> "부동산 공부 같이하자. 1,000만 원으로도 집을 살 수 있어! 네가 잠을 잘 때도
> 월세가 꼬박꼬박 들어온다고 생각해봐. **워런 버핏이 말하기를 잠자는 동안에
> 도 돈이 들어오는 방법을 찾아내지 못한다면, 죽을 때까지 일해야 한댔어.**"
> "나는 그런 것 관심 없어. 이제 부동산 망했잖아?"
> "그…그래…."

2. 1주택자 뇌 구조

1주택자들은 어떤 기분이 들까? 세상을 다 가진 것 같을까? 천만의 말씀. 오
히려 허무하다고 느낀다. 어서 빨리 되어봐라. 당신도 그럴 것이다. 당장 눈앞의
내 인생이 변한 게 하나도 없다는 것을 먼저 깨닫는다.

'한 채를 얻어서 스스로 기특하지만, 월세 50만 원에 부자가 되는 것은 힘들
구나.'

중요한 것은 이게 후회가 아니라는 것이다. 무주택자들은 절대 느끼지 못할
깨달음이다. 임차 계약까지 완료하게 되면 '생각보다 별거 없네?'라는 생각도 든
다. 앞으로 나아갈 '자신감'도 만들어진다.

무주택자가 오히려 집에 대한 욕망을 가져야 하는데 1주택자의 욕심이 더 커진다. 현재 매수한 집보다 더 좋은 집을 사고, 찾고 싶은 욕심이 생겨버린다. 무엇보다 1주택자가 되면 두 번 다시 '무주택자'로 돌아갈 생각을 절대 하지 않는다. 집값이 내릴 것이라는 두려움을 이겨내고, 스스로 고생한 시간을 잘 알고 있다. 매일 스스로 계속 질문을 던진다. 아직까지는 다주택자만큼 경험이 없으므로, 하락장과 상승장 사이클을 돌아보지 않은 사람도 있다. 하지만 머리는 계속 굴러간다. 끊임없이.

1주택자 머릿속

'대박, 내 명의로 된 집이 드디어 세상에 존재한다.'

'언제 상급지로 가야 할까?'

'투자 당시 놓친 부분이 많네. 다음 투자 때는 실수를 줄이자.'

'더 좋은 집은 어디일까?'

'다음 상승장은 언제일까?'

'언제 추가로 매입할까?'

'갭이 줄어드는 아파트는 어디일까?'

'다음은 어떤 투자를 하지?'

① 스스로 끊임없이 던지는 질문에 대답하며, 비로소 무주택자와의 '격차'가 급격히 벌어진다. 엄청난 도약을 한다.

② 처음 투자한 아파트보다 월등히 좋은 아파트를 보는 능력을 기른다.

③ 경험이 쌓일수록 무주택자를 탈출하게 해준 그 아파트가 가장 부족했던 투자 방식이 된다.

무주택자들이여! 하루라도 빨리 한 채라도 매수하길 바란다. 부동산을 젊은 날 하루빨리 매수하는 것은 부자가 되는 데 엄청난 관건이다(물론 내 수준에 맞는 투자여야 한다). 집을 가지면 보는 시야가 달라진다. 돈이 더 소중해진다. 돈을 아

끼게 된다. 가치 있는 곳에 돈을 쓰게 된다. 더 좋은 집을 사고 싶은 욕심이 생긴다. 부자가 될 수 있다는 자신감이 생긴다. 별거 없다. 온종일 지도를 펼치고 부동산을 들여다보라는 것도 아니다. 하루 10분씩 조금씩 늘리면서 꾸준히 매일매일 부동산으로 **주파수**를 맞춰나가면 된다. 그렇게 하면 된다.

3. 다주택자 뇌 구조

우선 돈이 많아 행복하다. 벌써 부럽다. 하지만 그들은 집이 있다는 것에 크게 의미를 두지 않는다.

'왜 더 못 샀지?'
'아이고, 저기는 오를 것 같은데 사지를 못하네.'
'이곳은 앞으로 더 좋아지겠다.'
'여기보다는 이곳이 훨씬 전망이 좋아 보인다.'

스스로 던지는 질문에 해답과 결론을 내릴 줄 안다. 집값보다는 오히려 양도세, 보유세, 취득세에 고민하는 시기다. 세금을 걱정한다. 아이러니하게 무주택자들도 다주택자들을 볼 때 세금부터 걱정한다(**양도세는 돈을 벌어야 내는 건데…**).

세금 문제로 부동산 시장을 바라볼 때 정책과 대선을 가장 많이 신경 쓴다. 취득세가 내려갈지, 말지에 따라 뻔히 보이는 아파트를 살 수 있어서다. 10% 넘는 취득세로 '사지 못해' 아쉬울 뿐이다. 나는 여러 다주택자를 만나면서 공통점을 찾았다. 생각보다 다주택자에게 일어나는 일은 화려하지 않다는 것이다.

무주택자보다 더 열심히 저축하고, 물건을 아끼며, 다른 현금 창출을 늘 고민하고 있다. 부동산 시장을 대응할 현금 흐름을 꾸준히 연구하고, 창출하려 한다. 마치 야생마처럼 끊임없이 달린다. 단, 행복한 웃음은 감춰지지 않았다. 가만히 숨만 쉬어도 매달 월세가 꼬박꼬박 들어오니까!

> "독서실에 마지막까지 남아 공부한다. 참 웃기는 일이었다.
> 내가 제일 공부를 잘하는데, 내가 제일 열심히 한다."
>
> 서울대 합격생 수기 中

나의 관심사가 어떤지 궁금한가? 휴대전화에 설치된 유튜브 앱을 켜보자. 어떤 영상이 쏟아지는가? 혹시 외제 차, 명품 쇼핑, 해외여행 추천 영상이 쏟아져 나오는가? 당신이 고액 연봉자라서 월급만으로 3가지를 다 누릴 수 있다면 할 말 없다. 아니라면 지금부터 바꿔보자. 아직 무주택자라고 너무 걱정하지 말자. 눈사람을 만들 때도 보이지 않는 얼음 결정이 모여 눈사람이 된다. 우리는 책을 펼쳤고, 그 얼음 결정을 모아보기로 마음먹은 것 아닌가. 비트코인으로 부자가 된 사람도 첫 수익률은 0.001%였다. 우리 직장 생활도 첫 월급의 기쁨으로 시작됐다. **다주택자도 처음에는 무주택자였다.**

1인 가구가 계속 늘고 있기에
소형 아파트는 희소가치가 크다

'소형 아파트'가 떠오르고 있다. 대한민국 부동산에 새로운 붐이 생겼다. 혹시 2023년 부동산 청약 시장을 뜨겁게 달군 평수를 알고 있는가? 바로 59㎡ 이하 소형 아파트다. 59㎡형 1순위 청약 경쟁률은 2010년 이후로 2번째로 높은 수치를 기록했다. 사실 누가 좁은 소형 아파트를 살고 싶겠는가? 누군가는 10평, 20평대 소형 부동산 투자를 추천하지 않았지만, 청약 시장의 분위기는 다소 반대로 흘러감을 발견했다. 그 이유를 알아보고, 우리가 소형 아파트에 투자해야 할 이유를 알아보자.

1. 국민 평형이 바뀌고 있다

국민 평형이라는 말을 아는가? 전용면적 85㎡에 평수로 34평형 아파트를 일컫는 말이다. 그런데 4인 가구가 많았던 우리나라의 인구 구조가 급격히 변하고 있다. 1인 가구는 증가하고, 4인 가구는 줄어드는 현상이 발생하고 있다. 이전 부동산 시장에서는 '국민 평형=84㎡'라는 고정관념이 강했지만, 매년 줄어드는 출산율과 혼인신고, 1인 가구의 증가로 오랫동안 지속됐던 상식이 뒤틀리고 있다. 아니라고 부정하기에는 소형 평수의 선호도가 급격히 증가하고 있다. 2023년 10월 12일 〈국민일보〉의 '평수 작을수록 청약 인기… 59㎡↓ 경쟁률 1년 새 2배' 기사를 통해 사실을 확인해보자.

기사에 따르면, 전용면적 59㎡ 미만 소형 아파트의 청약 경쟁률이 1년 새 거의 2배로 급등한 것으로 집계됐다. 1~2인 가구의 빠른 증가와 집값 상승, 평면진화, 투자 수요 등이 맞물려 나타난 현상으로 분석된다. 소형에 비해 중대형 면적은 경쟁률 변화가 크지 않았다. 이런 추세는 소규모 가구가 늘어나는 사회구조 변화를 반영하는 것으로 해석된다. 통계청 집계로 2020년 1~2인 가구는 이미 전체 10가구 중 6가구(59.2%)에 달했다. 이들 비중은 계속 큰 폭으로 증가해 2030년 67.4%, 2040년 72.4%, 2050년에는 75.8%까지 늘어날 것이라는 전망이다. 집값이 많이 오른 상황에서 상대적으로 가격이 낮은 소형 아파트는 전월세를 놓기 수월해서 투자 목적으로 관심을 가지는 수요도 적지 않은 것으로 보인다.

부동산을 선택할 때 투자뿐만 아니라 실거주 측면에서 무엇보다 가장 큰 문제는 무엇인가? 역시나 돈이다. 앞의 기사에서 말하듯 소형 평수 선호도 증가 이유 중 하나는 계속되는 높은 분양가격도 빠질 수 없다. '부동산은 이제 망했다!'라는 분위기가 오랫동안 지속되고, 집값은 이제 내릴 거라고 외치고 싶지만, 분양가격은 자꾸만 천정부지로 상승하고 있다. 1~2인 가구 중 청년들은 국민 평수와 대형 평수는 꿈도 못 꾸는 시대에서 막막한 상황이다.

소형 평수가 매력적으로 끌리는 이유는 '가격' 요인 때문이다. 20~30대가 부동산에 대한 관심도가 커지는 것도 한몫한다. 최근 높게 치솟은 금리 때문에 중형 평수보다 적은 대출 발생으로 이자 부담도 덜고 있다. 특별공급 범위의 확대로 인해 청약 시장에 20~30대의 참여도가 점차 증가하는 추세다. 결국 20~30대의 선택은 국민 평수를 선택하기보다는 두 번째 대안, 즉 '소형 평수를 어쩔 수 없이 선택'하는 방법을 택한다.

해가 갈수록 소형 평수 청약 시장은 더욱 뜨거워질 것이다. 2023년 후반기에 금리 인하를 예측했지만, 미국 GDP 지수는 나 홀로 높은 금리 속에서도 성장률을 4.9%나 달성했다(2023년 3분기). 이런 추세라면 오랫동안 고금리를 유지했음에도 기준금리를 더 높이거나 유지하는 전망으로 전환될 것이다. 따라서 월급쟁이 직장인은 투자금이 부족하니 더욱 허리띠를 졸라야겠다. 무리한 영끌 투자로 비싼 이자를 버티기보다 안전 마진을 두고 소형 아파트에 투자하는 것이 정신건강에도 좋아 보인다.

2. 싸고 작지만 알차다

대부분 소형 아파트라고 생각하면 작은 원룸이나 투룸을 상상할 것이다. 하지만 20대 평형을 잘 찾아보면 구축 아파트더라도 방 3개, 화장실 2개인 구조가 잘 나온 아파트도 상당히 많이 존재한다. 신축은 더욱 그렇다. 신혼부부가 사는데, 방 3개에 화장실이 2개라면 만족한 주거 환경이 될 수 있다. 오히려 기대보다 넓어 만족도가 매우 크다. 구조가 잘 나오는 20평대 구축 소형 아파트는 어떤 사람이 살까? 1인 가구도 물론 있겠지만, 20평대는 신혼부부일 확률이 높다.

소형 아파트를 선택하는 것은 좋지만, 특히 **소형 평수 투자는 누가 살 것인지 타깃 분석이 중요하다.** 신혼부부는 대부분 20~30대가 많다. 따라서 취업한 지 얼마 되지 않았을 것이다. 사회적으로 직장에 시간을 가장 많이 쏟고 아주 바쁘다. 부부가 함께 육아도 할 것이다. 이렇게 직장 생활을 오랜 기간 하지 않은 신혼부부는 대부분 생활 자금이 부족해서 맞벌이도 한다. 그리고 학군보다 '편리함'을 추구할 것이다. 편리함은 교통이 가장 우선순위고, 편의시설도 마찬가지로 포함된다.

무엇보다 역시 '직주 근접'이다. 소형 아파트는 육아에 전념하는 가구들보다 세입자의 직장 위치에 따라 결정될 영향이 크다. 학군은 중학교 때부터 크게 작용하기 때문에 40대 부부들이 고민을 많이 한다. 40대는 20~30대보다 경제적으로 자금을 더 많이 마련한 가구들이 많아서 모아둔 자금으로 30대 이상 평형으로 이사를 하게 된다. 특히 학군까지 고려해서 말이다. 그래서 학군이 좋은 곳에는 중대형 평수가 소형 평수 아파트보다 더 큰 인기가 많다.

20~30평대가 일반화된 가운데, 10평대 아파트는 전국적으로 찾기가 힘들어지고 있다. 일반적인 생각은 10평대 아파트가 평당 가격이 더 저렴할 것으로 생각되지만, 그와 반대로 가격이 높게 형성되고 있다. 평수가 작을수록 시장에서는 비싼 가격에 팔리고 있다. 바로 **'희소성'** 때문이다. 높은 수요가 가격을 밀어내는 현상이다. 넘쳐나는 30평대 아파트 사이에서 자그마한 소형 아파트의 가치는 앞으로 더욱 빛날 것이다. 이 현상은 투자자들 눈에 불을 지핀다. 아파트가 상승하려면 반드시 투자 수요가 있어야 한다고 말했다. 자금이 부족한 소액투자자들은 소형 평수 투자가 딱이다.

오십 채 넘는 한 다주택자와 이야기를 나눈 적 있다. "중대형 아파트를 투자했더니 넓은 만큼 수리 비용도 많이 발생하고 관리하기가 까다로워. 나는 소형 아파트에 투자할래"라는 말을 했다. 한 직장인 커뮤니티에서 10평대 아파트에 관한 이야기를 나누는 것을 봤다. 생각보다 많은 사람이 10평대 아파트에 혼자 사는 사람이 많았다. 그들 중 '집이 작을 것으로 생각하겠지만, 17평대도 혼자 살기 넓다'라고 말하는 사람도 있었다.

3. 공시지가 1억 원 이하를 노려라

공시지가란 국토교통부 장관이 조사·평가해서 공시한 표준지의 단위 면적당 가격이다. 양도세·상속세 따위의 각종 토지 관련 세금의 과세 기준이 된다. 매해 공시지가는 1월 1일을 기준으로 해서 4월 30일에 공시한다. 이 공시지가가 1억 원 미만인 아파트에 투자하면 다양한 혜택이 있다. 2주택까지는 1~3%의 취득 세를 내지만, 3주택 이상인 경우 조정대상지역에 따라 최대 12%까지 세금이 매 겨진다. 3주택자부터는 취득세 때문에 집값이 올라도 부담이 상당히 높아진다.

이럴 때 공시지가 1억 원 이하 아파트의 매력이 발산한다. '공시지가 1억 원 이하의 주택'은 주택 수에 산정되지 않는다. **1억 원 이하 아파트는 투기 대상으로 보기가 어렵다고 판단한다.** 다주택자가 되더라도 1억 원 이하 아파트를 매수 한다면 취득세는 1%만 낸다. 이것을 응용해보자. 예시로 들자면 내가 1억 원 이하 아파트를 월세 투자로 올해 두 채를 매수했다고 가정해보자. 내년에 내가 실 거주용으로 3억 원짜리 아파트를 매수한다고 하면, 나는 집이 세 채가 된다. 즉 다주택자가 되어 원래대로라면 취득세를 8% 이상 내야 하는 상황이 발생한다.

하지만 3억 원짜리 아파트를 매수하더라도 1%의 취득세만 내면 된다. 왜냐

하면 올해 매수한 집 두 채는 공시지가 1억 원 이하 아파트이기 때문에 주택 수에 산정이 되지 않기 때문이다. 물론 예외는 존재한다. 공시지가 1억 원 이하더라도 재개발, 재건축 등 재정비 지역에서는 투기 대상으로 간주하기 때문에 주택 수에 산정되니 이를 유의해서 투자해야 한다. 또 양도세와 종부세(종합부동산세)에서는 주택 수에 포함된다. 양도세에서도 1억 원 이하 아파트는 혜택이 있다.

매도할 당시 기준 공시지가가 1억 원 이하라면 양도세는 중과되지 않는다. 이것은 1주택인 경우만 해당한다. 2주택인 경우는 2주택으로 간주하기 때문에 중과가 된다. 하지만 걱정하지 마라. 2주택에서도 양도세를 절세하는 방법이 있다. 내가 1억 원 이하 아파트 한 채, 3억 원 아파트를 한 채를 가지고 있다고 하자. 2주택자이기 때문에 1억 원 이하 아파트를 양도하면 양도세가 부과되는데, 이럴 때는 3억 원 아파트를 먼저 매도한다. 그러면 나머지 1억 원 이하 아파트를 매도할 때는 1주택에 1억 원 이하 아파트를 매도하는 것으로 간주해서 두 번째 매도 때 양도세가 부과되지 않는다.

소형 아파트 투자 시 주의할 점

소형 평수라고 다 좋은 것은 아니다. 아파트와 빌라의 차이점은 무엇일까? 바로 인프라다. 즉 다세대 가구, 오피스텔에서 누릴 수 없는 아파트에서만 제공하는 커뮤니티와 주거 환경을 말한다. 소형 평수 '아파트'를 투자한다는 것은 그런 인프라가 있는 곳이 중요하다. 앞서 이야기했듯 소형 아파트는 대부분 신혼부부와 1인 가구가 수요자의 주류가 된다. 1인 가구의 증가로 소형 아파트의 수요가 증가하지만, 세입자로 소형 아파트에 거주한다면 잠시 머물 자리를 구할 확률이 높다. 그만큼 세입자가 교체되는 상황이 꾸준히 발생할 것이다. 단지별로 전세, 월세 계약이 얼마나 자주 발생하는지 파악하는 것이 중요하다.

1인 가구의 증가와 이에 따른 소형 아파트의 수요 증가 원인에 대해 알아봤다. 우리가 투자금이 없는 만큼 다른 1인 가구와 30대 신혼부부들도 매한가지다. 사회초년생도 원룸보다는 아파트에 살고 싶어 한다. 이런 이유 덕분에 소형 아파트에 투자와 실거주 수요가 동시에 모이고 있다. 그 이유 중 절세도 빠질 수 없다. 무엇보다 10평대 소형 아파트는 전국에 찾아봐도 '희소성'이 두드러진다. 내가 가지지 못하는 '희소성'이라는 특성 때문에 소형 아파트는 앞으로도 가치가 높아질 것으로 보인다.

에필로그

아직 온천은 식지 않았다

이 책의 마지막 페이지까지 읽은 당신에게 박수를 보낸다. 드디어 당신도 남들과 다른 새로운 여정을 가기로 마음먹은 것을 축하한다. 일단 부동산 공부를 막 시작하게 되면 마음이 급해질 것이다. "나는 이미 늦었어⋯", "정말 부자가 될 수 있을까?" 매일 머릿속에서 끊임없는 질문이 당신을 괴롭힐 것이다. 그러나 더 무서운 것을 상상해보자. 정말 지금이 늦었다 치자. 그럼 5년, 10년 뒤는 어떨까? 지금이 늦었다면 그때의 우리는 어떤 모습일까? 나 또한 소름 끼친다.

차라리 지금과 비슷하다면 다행이려나. 그러니 우리는 변해야 한다. 5년 뒤에는 지금, 이 순간 변해버린 마음가짐과 선택에 감사함을 느끼며 살아가야 한다. 이 책을 통해 당신은 부동산 공부를 왜 해야 하는지, 독서는 우리 인생에 어떠한 영향을 미치는지, 부동산 투자의 기본 원리와 실전에서 발생하는 다양한 사례들을 알아봤다. 절대 이것이 끝이 되어서는 안 된다. 또 반드시 명심할 것이 있다. 바로 '배울 준비와 자세'다. 나는 주말에 종종 부동산 동아리를 가곤 한다. 동아리를 가면 나이를 불문하고 부동산 초보자가 항상 그곳에 있다.

"안녕하세요? 부동산 초보자예요. 처음이라서 아무것도 몰라요."

누군가는 같은 시간에 유튜브와 넷플릭스로 시간을 보낼 때 이분들은 본인의 무지함을 인정하고 배운다. 지금, 이 순간에 당신이 책을 읽는 것과 같다. 세상에서 가장 겸손한 자세, 무지함을 인정하는 배움의 자세를 갖추게 된다면, 장담하건대 당신은 5년, 10년 뒤에는 부동산 투자뿐만 아니라 어떠한 영역에서든 멋진 제2의 인생을 보낼 것이다. 부동산 투자를 하면서는 늘 변하는 시장에서 주는 정보와 트렌드에 귀를 쫑긋하며 항상 귀를 열어둬야 한다.

만약 투자에 실패했다면 그곳에서도 어떻게 해서든 배움을 찾아야 한다. 배움을 얻었다면 더 이상 슬퍼하지 않아도 된다. 당신의 실패는 실패가 아니라 성공으로 가는 계단이 될 것이다. 이렇게 부동산 투자와 공부는 단순히 부자가 되는 수단이 아니다. 미래의 나를 그리는 공부다. 어린 20대 투자자여도, 왕초보 투자자여도 성공을 향한 소풍을 지금부터 즐겼으면 한다.

비록 지금은 보이지 않는 터널을 터벅터벅 걸어가는 것과 같을지도 모른다. 어둡고 두렵기만 하다. 하지만 언젠가는 우리도 저 멀리 있는 터널 끝에 다다를 것이다. 캄캄한 어둠 속 한 줄기 빛을 따라 힘겹게 도착한다면 우리는 완전 녹초 상태일 것이다. 장마철 비에 홀딱 젖은 것처럼 온몸이 땀에 흠뻑 젖은 상태가 될 것이다. 하지만 그 터널 속을 벗어난 우리는 이전과는 완전히 다른 모습으로 변해 있다. 성장하고 멋진 모습으로. 그렇게 망가진 당신의 모습은 누구보다 더 아름다울 것이다. 나 또한…. 지금 당장 하고 싶은 것들이 너무 많다. 매일매일 속삭이듯 내 머릿속에 울려 퍼진다. 하지만 훗날 골프를 치고 싶다는 우리의 사랑스러운 아들과 딸에게 골프채는 아니더라도 힘든 삶을 손에 쥐여줘서는 안 되지 않을까?

김이 모락모락 나는 온천수에 우리는 고작 새끼발가락만 담갔다.

걱정하지 마라. 온천은 아직 식지 않았다.

2030 소액, 저평가 아파트에 이렇게 투자하라!

제1판 1쇄 2024년 3월 29일

지은이 허군
펴낸이 허연 **펴낸곳** 매경출판(주)
기획제작 ㈜두드림미디어
책임편집 배성분 **디자인** 얼앤똘비악earl_tolbiac@naver.com
마케팅 김성현, 한동우, 구민지

매경출판㈜
등록 2003년 4월 24일(No. 2-3759)
주소 (04557) 서울시 중구 충무로 2(필동1가) 매일경제 별관 2층 매경출판㈜
홈페이지 www.mkbook.co.kr
전화 02)333-3577
이메일 dodreamedia@naver.com(원고 투고 및 출판 관련 문의)
인쇄·제본 ㈜M-print 031)8071-0961
ISBN 979-11-6484-665-8 (03320)

같이 읽으면 좋은 책들

오르는 땅은 이미 정해져 있다 — 토지 투자의 초특급 핵심 비밀

이것이 진짜 토지 개발이다

생각하는 공인중개사가 생존한다! — 초보부터 고수까지 위기의 부동산 중개 탈출법

신방수 세무사의 재건축 재개발 세무 가이드북 실전편 — 이제 재건축·재개발 세금이 한결 쉬워진다!

부린이 탈출을 위한 부동산 투자입문서 — 대한민국 부동산 초보자가 꼭 알아야 할 돈 버는 투자의 정석

신神의 재테크 GPL 아파트 담보대출로 매일매일 돈 벌어주는 남자

숨어 있는 토지 개발로 10억 만들기 — 현명한 부동산 투자의 시작

부자의 첫걸음 내 집 마련

부자 경매의 시작 — 알기 쉬운 특수 경매

신방수 세무사의 확 바뀐 부동산 매매사업자 세무 가이드북 실전편

내 집을 싸게 사는 최고의 방법

서울시 공정경제과 황박사가 알려주는 NEW 상가임대차 분쟁 솔루션

멈출 수 없는 UNSTOPPABLE — 공간개발의 미래과제와 부동산 투자의 새로운 시작

신방수 세무사의 주택임대사업자 등록말소주택 절세 가이드북

부동산 성공 투자의 시작 — 알기 쉬운 경매 실무

RESTART 부동산 투자 — 아무도 알려주지 않는 불변의 성공비법

극한직업 건물주

꼬마빌딩 건축

신방수 세무사의 확 바뀐 상가빌딩 절세 가이드북

우대빵과 함께하는 성공 부동산 중개사무소 창업

지식산업센터 투자의 정석

닥치고 현장! 소액자본으로 부동산 부자되기

신방수 세무사의 부동산 증여에 관한 모든 것

부자 경매의 시작 알기 쉬운 기초 경매

라엘과 함께 공부하는 셀프 경매 바이블

실전 사례로 풀어보는 상가 셀프 경매의 정석

닥치고 현장! 부동산에 미치다

쉽게 따라 하고 빠르게 도전하는 빌라 투자 방정식

DEVELOPER 디벨로퍼 경매

부동산 슈퍼리치만 아는 투자 비밀

월세 보증금으로 부동산 산다 반값 생활 경매 솔루션

신방수 세무사의 1인 부동산 법인 하려면 제대로 운영하라

대박나는 부동산 중개 핵심 공인중개사 실무 교육

실전사례로 말려 주는 부동산 경매·공매 특수물건 투자의 비법

거지였던 나는 상가 투자로 32억 건물주가 되었다

공매 투자, 지금이 기회다

직장인도 따라 할 수 있는 별장펜션 창업

한 권으로 끝내는 토지 투자 성공공식

임장의 여왕이 알려주는 부동산 투자 전략

'발칙한 발상'이 부동산 성공 투자를 부른다

가로주택정비사업 A부터 Z까지
미니
재개발·재건축의
모든 것

당신의 경매 탈출구가 되어줄
이기는
부동산 경매의
비밀

절대 손해 보지 않는 시크릿 투자법 공개

종부세
핵폭탄 대비하는
완벽 솔루션

신방수 세무사의
이제 부동산 세금을 알아야
주택 보유 &
처분 할 수 있는
시대다

투자 전, 꼭 알아야 하는
상가임대차법

Real Estate Auction
부동산 경매,
초보에서
탈출하라

우대범의 내 집 마련 인서트로
초규제 시대,
부동산 투자의 정석

2020년 이후 서울 아파트 시장을 전망한다

베테랑 공인중개사의 부동산 투자 이야기
돈이 되는 부동산
VS
돌이 되는 부동산

부동산 투자자라면 꼭 알아야 하는 특급 비밀

신방수 세무사의
양도
소득세
완전
분석

사례로 풀어보는
지분경매
지분경매 해결 TWO 가지
= 소송 + 협상

부동산 경매의 사각지대 틈새시장,
지분경매의 해결 프로세스 제시

자금출처조사
투자자라면 준비더라야
신방수 세무사의
부동산 거래 전에
자금출처부터
준비하라!

부동산 관리도
경영의 시대

종합관리 실무 전문가와 부동산 학과 교수가 함께 쓴
부동산 관리와
종합서비스

신방수 세무사의
상속분쟁 예방과
상속
증여
절세 비법

김 과장도 돈 버는
셰어하우스
SHARE
HOUSE

내 생애 짜릿한
대박 상가
투자법

세금 모르면 주택임대사업 하지 말라?
신방수 세무사의
주택임대사업자
등록과
절세 비법

여성화의 실전 경매 운영자 제임프로의
나는 장애물 딛고
부동산 경매로
성공했다

불황에도 매출 10배 올리는
상위
1%
공인
중개사의
마케팅
비법

GTX 시대, 부동산 투자 비법은 따로 있다!
아파트는 살고
땅은 사라

부동산 투자를 시작하기 전에 꼭 읽어야야 할 실전 기술

부동산 상식을 돈으로 바꾸는 방법

해외 부동산 투자, 나는 말레이시아로 간다

MALAYSIA

투자자에게 알려주고 싶은 부동산 블루오션

당신도 건물주가 될 수 있다!

원룸 마스터

원룸으로 공무원의 실무 누리자!

부동산 투자자, 계약자가 꼭 알아야 하는

부동산 실무法 용어사전 1,000

부동산 거래의 핵심 단어 1,000개!

부자가 되기 위한 새로운 패러다임

부자로 환승하라 머니트레인

부동산 투자, 이제는 지하철이 핵심이다!

부동산 투자 인사이트

고수가 알려주는 통찰력이 곧지이는 원리

그는 어떻게

부동산 1인 창업으로 10억을 벌었을까?

부동산 투자의 숨겨진 진실!

돈 버는 주택임대 관리기법

주택임대관리회사의 복합적인 관리업무와 경영리법이다

10%대 수익률을 위한 최고의 부동산 재테크

P2P 투자의 정석

동산으로 이룬 유의

잘 키운 아파트, 직장 퇴사 안 무섭다!

아파트 경매, 지역 분석이 먼저다!

때에 사례를 중심으로 살펴보는

대박 친 빌딩 투자의 비밀

부자가 되기 위한 부동산 요리법

정준환의

부동산 레시피

요리를 아는 것처럼 부동산에 익숙해져라!

초보를 위한 취업과 창업 완벽 가이드

잘나가는 공인중개사의 비밀노트

한 권으로 정리하는 단기 속성 실무전략

新

명품 토지 중개 실무

다양한 사례와 함께 살펴보는 실무 노하우

실패 없는 부동산 재테크다임

돈 길 따라가는 부동산 투자

정복과 실전 경험의 바탕이 된, 앞을 내다보는 부동산 투자 기법을 전수한다

부동산 계약·등기·증기 전에 꼭 알아야 하는

부동산 세무 가이드북

Real estate Tax Guide Book

실전편

2019 개정세법 반영 전면개정판

개념부터 쉽게 배우는 필수 상식

돈 되는 부동산은 따로 있다

300채 임대로 배테랑 저자가 전하는 부동산 투자 비법

지식산업센터 투자 실전 편

부동산 투자, 아파트형 공장이 틈새다

2달 만에 월세 200만 원 받는

월세 부자 레시피

이제 당신도 부자가 될 수 있다!

직장인들도
쉽게 따라할 수 있는
新 **부동산 공매
가이드북**
실전편

팔도·들여·상속의 모든 것
기막힌
**부동산
절세의
비밀**
생활 속의 세금 상식을 담은 절세 팔독서

경공매·NPL 투자자의 파산가도 또 알아야 하는
**부동산
매매임대사업자
세무**
Real estate
Business
Tax
Guide Book
가이드북
실전편

**나는
부동산 투자로
파산자에서
100억 부자가
되었다**

경쟁하기 싫은 경매 투자자들의 신세계
**지분경매,
공유지분,
독점경매**
남들과 경쟁하기 싫고,
혼자 전부 독식하고 싶다!

입찰에서 취득까지, 배당에서 명도까지
부동산 경매의 모든 것
**이것이 진짜
성공 경매다**
가치 투자의 승부처란!
실패를 최소화하는 성공 투자 비법

부동산 전문 이나운서의 재테크 실전법
**결혼은 선택이지만
부동산
투자는
필수다**
부동산만큼 확실한 보장해주는
인생 재테크는 없다

수익형 부동산 건축과 재테크 투자 비법
**헌집 살래
새집 살래**
건축을 알면
알짜 부동산이 한눈에 보인다!

**부자 되는
주택
임대사업**
현금과 이론 아무리는 두 마리의 토끼 조건
주택 임대사업에 모든 것을 알려준다.

이제 대세는 수익형 부동산이다
평생 돈 걱정 없이 사는 월세 부자 되기

**돈 버는
공인중개사는
따로 있다**
이제 공인중개소 운영하지 않고
수익을 창출하는 부동산 중개 노하우

**전세가를 알면
부동산 투자
가 보인다**
시장 심리를 파악하면, 투자 흐름이 보인다!

서울시 공정경제과
주무관이 알려주는
**부동산
거래와
판례**
부동산 현장에서 가장 빈번한 분쟁 사례와
재판에서 고민과 판례가 담겨 있는

**지분 경매로
토지 개발업자 되기**

**부동산 재테크
역세권이
답이다**
철도 & 역세권 15년 경력의 노하우

세무사 3인이 알려주는
**세무조사
대비의 모든 것**
예는 핵심 노하우!

커피 한 잔 값으로
초대형 오피스 주인 되기
**리츠
알리어답터**

고수익을 안겨주는 블루오션 토지 경매
**신의 한 수
금맥
경매**
경기 불황에도 진가를 발휘하는 투자 기법 알게
토지 경매로 금맥을 캐다!

주택·아파트·제외·증여·상속 등 알아야 하는
**주택
아파트
세무 가이드북**
실전편

**권리분석
완전정복으로
10년 안에
10억 벌기**
치열한 경쟁에서
투자 성공률을 높여라!

**대한민국을
움직이는
땅 투자 법칙100**

흔한 직장인의 흔하지 않은 투잡 경매 성공기

돈의 보감
평범한 샐러리맨, 투잡 경매로
5년에 10억 벌다

경매로 재테크하고
NPL로 두 번째 월급 받다

나는 갭 투자로
300채 집주인이
되었다

박정수 지음

아파트 300채 부자
박정수가 공개하는
화제의 투자비결!

부동산투자의
100억 바이블
실전편

동시 거래·공매·등기·단체 세 분야에서 하는

토지
세무
가이드북
Land
Tax
Guide Book

실전편

"토지매매에 있어 세금전략은
선택이 아니라 필수다!"

부동산 경·공매, 분양, 입찰, 매매를 통한

新 상가
투자
보물
찾기

상가투자자의 공인중개사도 꼭 알아야 하는

상가
세무
가이드북

실전편

"상가관리에 있어 세금전략은
선택이 아니라 필수다!"

나는
토지 경매로
금맥을 캔다

시크릿
부자설명

NPL과 경매, 토지보상이 하나로

토지보상경매
실전활용

개인·개인사업자·법인CEO도 꼭 알아야 하는

세무조사
실무
가이드북
Tax investigation
Practical eNals
Guide Book

실전편

야생화의
기초 경매

GLOBAL
REAL ESTATE
INVESTMENT & DEVELOPMENT BIBLE

해외 부동산
투자&개발 바이블

해외 부동산을 알면 국내 부동산이 보인다

단숨에 풀어 쓴 경매 관련 판례 해설서!

부동산 경매
대법원 판례집

1963~2014년 핵심 판례 모음

부동산 경매 전문 변호사가 큰 맘 먹고 알려주는

유치권
깨트리는 法
지키는 法

부동산 경매의 성공을 향한 마지막 관문 - '유치권'
제대로 아는 것이 힘이다!

[100세의 축배] 저자 야생화의 세 번째 이야기

울보멘토
야생화의
경매이야기

경매, 공매, NPL을 한권에 해결하는

Perfect
퍼펙트
경매

부동산재테크 경매, 공매인 공매, 부실채권(NPL)까지 부남태편
"단 한권으로 총 정리 끝"

실전 금융가문 전문가가 아낌없이 주는

NPL
랭킹업
투자비법

'NPL매각 실무' 전격 공개!

현업투자자와 공인중개사를 위한

손품 팔아
부동산
보물찾기

블로그 마케팅 편

"누구나 쉽게 배우는 부동산 블로그 마케팅의
핵심 노하우를 담은 책!"

경매컨설턴 이행진의 실을 통한 진짜 경매이야기 ②

지지 않는
권리분석 VS
이기는
명도

기관투자자만 아는

부동산 투자 운영
매뉴얼

경매 땡땡땡!

경매
학교종이
어서
모여라!

(주)두드림미디어 카페 (https://cafe.naver.com/dodreamedia)
Tel. 02-333-3577 E-mail. dodreamedia@naver.com